RKISH AIRLINES

STEP ON EARTH

URNEY FROM THE AIRLINE

E MOST COUNTRIES ON THE PLANET

TH THE AIRLINE THAT FLIES
MOST COUNTRIES ON THE PLANET.

Nasdaq

Shirt
$17.99

H.M

SPRING FASHION
SELECTED BY

D'ANGELO
RUSSELL

NEW YORK POLICE DE

Nasdaq REWRITE TOMORROW

FAST

Nasdaq REWRITE TOMORROW

读客文化

MARKET MOVER

市场推手

纳斯达克CEO自述

纳斯达克自己的传奇

[美] 罗伯特·格雷菲尔德 著　阎佳 译

LESSONS FROM
A DECADE OF CHANGE
AT NASDAQ

ROBERT
GREIFELD

文汇出版社

图书在版编目（CIP）数据

市场推手 /（美）罗伯特·格雷菲尔德著；闫佳译

. -- 上海 ：文汇出版社，2021.5

ISBN 978-7-5496-3441-5

Ⅰ．①市… Ⅱ．①罗… ②闫… Ⅲ．①金融公司—企

业管理—经验—美国 Ⅳ．①F837.123

中国版本图书馆CIP数据核字(2021)第035152号

市场推手

作　　者 / ［美］罗伯特·格雷菲尔德
译　　者 / 闫佳

责任编辑 / 竺振榕
特邀编辑 / 洪刚
封面装帧 / 吴琪

出版发行 / **文汇**出版社
　　　　　 上海市威海路755号
　　　　　 （邮政编码200041）

经　　销 / 全国新华书店
印刷装订 / 北京中科印刷有限公司
版　　次 / 2021年5月第1版
印　　次 / 2021年5月第1次印刷
开　　本 / 880mm×1230mm　1/32
字　　数 / 195千字
印　　张 / 10.5

ISBN 978-7-5496-3441-5
定　　价 / 88.00元

侵权必究
装订质量问题，请致电010-87681002（免费更换，邮寄到付）

献给茱莉娅：

你打开了一道充满无限可能的大门。

目录

01　纳斯达克的召唤

纳斯达克正为生存而战，1分钟也不能浪费。这家知名金融机构正处在历史上最动荡的时期，对于怎样才能走出绝境，我有一个坚定的观点：我们必须跟纳斯达克现有管理团队的一些人割袍断义。

我晚了6个月 / 003

未来的市场 / 009

第一天 / 015

02　人事第一

你无法控制环境，但你能确保自己拥有最优秀的人才。一旦周围的世界发生变化，他们能迅速适应、有所反应、挺身而出。市场会改变，战略会改变，但一支卓越的团队可以应对这一切。

找合适的人加入 / 021

谁留在了车上 / 024

新人新文化 / 031

有了优秀的人才，就要虚心倾听 / 034

别在糟糕的聘用决策上加倍下注 / 041

03　检伤分类

有时人们认为，成功的关键是把工作做好，但对领导者来说，同样重要的是知道有些事你根本不必做。人们很容易把时间用在那些无法对企业产生真正影响力的事情上。

鲍勃与乱麻 / 049

领导者的直觉 / 052

核心业务的健康状况 / 056

转型中的市场 / 060

从守入攻 / 065

04 买下赢家

在时机合适的时候，我们要敢于把别人买下来。不是随随便便买一家，而是把最好的买下来，把赢家买下来。利用明智的收购获得急需的市场份额或技术，这没有什么好丢脸的。

恶棍交易员之岛 / 075

必要的冒险 / 084

平衡之举 / 086

从地下室到董事会 / 090

05 从苹果到Zillow

深厚的客户关系需要经常维护和不断更新。做一个讨人喜欢的社交人物，建立有效的人际关系网络是我担任首席执行官必不可少的工作内容，这也是在世界舞台上代表纳斯达克的关键。

做生意的人际方面 / 098

改变竞争版图 / 102

再来一杯咖啡 / 106

候任总统 / 110

过去和未来的创业家 / 113

06 政治教育

> 今天是正确答案，并不意味着明天仍是正确答案。对商人来说，华盛顿可能是另外一个世界。你需要身边有个懂得当地语言、了解那里怎么做事的朋友。

政治教育 / 121

游说是教育 / 126

建设公平竞赛场 / 130

不完美的进步 / 137

07 当务之急：走向全球

> 在国际阴谋、欧洲政治、中东权力斗争、对冲基金冒险策略和恶意收购投标的大戏里，纳斯达克成功完成了对北欧交易所集团的收购，成了真正意义上的全球性大玩家。

黎明突袭 / 147

无关个人 / 154

更凛冽的气候，更温暖的谈判 / 156

国际交易里的冒险 / 160

终点线 / 165

08 与成长角力

在我任职纳斯达克CEO期间，我们进行了四十多次收购。在这些通过收购实现发展的过程中，我意识到要紧盯自己的核心优势，因为随着继续前进，风险也会随之增加。

评估收购：风险四要素 / 175

寻找维京人 / 178

习得知识与现场知识 / 180

管理一家全球性企业 / 182

筒仓的终结之处 / 186

天边的低云 / 189

09 轨道上的血迹

人总有办法说服自己相信那些不值得相信的事情。未来不会总跟过去一样。在预测未来可能会发生些什么的时候，不要只想着从前发生过什么。

信贷冰河世纪 / 196

做空，还是不做空 / 201

杠杆的危险 / 206

《多德–弗兰克法案》/ 211

麦道夫乱局 / 216

10 逃兵

我们无限地接近收购纽交所，但最终却被美国司法部所阻止。我人生最大的遗憾之一就是没能亲手去管理纽交所那个地方。

奇怪的"待售"告示牌 / 225

与美国司法部的曼妙之舞 / 231

痛苦的后记 / 239

一个时代的终结 / 240

11 折戟Facebook

Facebook上市那天我们的交易程序出了故障，这场灾难的喧嚣在我们的赔偿中迅速退去，但这个"污点"却让我们输掉了阿里巴巴的IPO。

故障梳理剖析 / 250

客户方面的余波 / 255

本周倒霉蛋 / 259

一道好运符 / 262

代人受过 / 264

长远涟漪 / 270

向乌龟学习 / 272

12 让创新成为制度

一旦获得了竞争力，我们就必须与自满做斗争。企业受到来自市场力量的威胁，会产生改善的动机。但当威胁消失，我们就需要寻找新的方法来鼓励改变和创新。

建设技术专营权 / 280

天赋理事会 / 283

区块链和独角兽的崛起 / 286

闪电小子和急速快感 / 290

已知和未知 / 298

13 往前走，莫回头

成功不会从天而降，我们靠着努力工作才得到了它。如果失去了这种优势，我就应该认真地考虑还应不应该继续往前走了。

接班人 / 305

多事之晨 / 308

最后的干杯 / 314

致谢 / 318

01

—⩗—

纳斯达克的召唤

MARKET MOVER

LESSONS FROM A DECADE OF CHANGE AT NASDAQ

"纳斯达克任命格雷菲尔德为CEO。"

《华尔街日报》，2003年4月16日

我晚了6个月

打从2003年5月开始在纳斯达克[1]担任首席执行官,这句话就一次次从我的脑袋里冒出来。当时,这家知名金融机构似乎正处在自己30年历史中最动荡的时期,我受聘为它设计一套转型方案。这不是我有意争取的职位,起初我甚至有些犹豫,不愿去面试。我对纳斯达克及其问题有足够的了解,我有些怀疑自己是不是真的想去这地方。但我不是个逃避挑战的人。然而,等到置身其中,我心里不免再次打起鼓来:机会之窗是不是已经关上了?

2003年早些时候,我愉快地受雇于大型金融软件和服务商SunGard数据系统公司。在那之前,我是一名软件企业家,ASC(自动证券清算公司)的共同所有人。SunGard收购了ASC——这是他们规模

1　最初Nasdaq是National Association of Securities Dealers Automated Quotation System(全美证券交易商协会自动报价系统)的首字母缩写。

第二大的一轮收购。我很快升了职，当上了执行副总裁，负责管理若干家年收入超过10亿美元的子公司和数千名员工。这是一个发展迅速、充满刺激的领域，我热爱自己的工作。开发新技术是一项极富创造性、能带给人满足感的活动。在我的心里，我一直很喜欢软件——软件领域给人的感觉是仿佛你拥有创造任何东西的自由。因此，当招聘人员第一次打电话给我，告诉我纳斯达克正在寻找新任首席执行官的时候，我受宠若惊但又有些犹豫。我真的愿意把如今的一切抛在身后，跑到一家受政府严格监管的组织去吗？更何况，我还明知那里存在严重的问题，哪怕它是著名的纳斯达克。

"噢，我不知道，那不太对我的胃口。我是搞技术的，对交易所不怎么熟悉。"我对那人说，"再说，纳斯达克问题不少。"

我这话说得算是轻的。2003年，纳斯达克举步维艰。互联网泡沫的破灭，耗干了IPO（首次公开募股）市场。几年前一度照亮金融天空的科技明星企业，如今光芒尽失，高昂的估值也大幅缩水。纳斯达克正从受监管的非营利实体转型，希望成为营利性公司，但它在这个过程中陷入了困境，不停亏损。在20世纪90年代的市场扩张期，不断增加的交易量（以及随之而来的收入）让该平台成为交易员的最爱，但这种情况已是过去时。

纳斯达克的困境非常典型：颠覆者反倒成了被颠覆的对象。这家有着30年历史的交易所，一度代表了技术的飞跃：它是全世界第一家虚拟股票市场。传统上，交易所使用"交易大厅"模式。你肯定在电影里看过：在交易大厅（它就相当于金融世界里的迪厅热舞池），交易员们谈判、叫喊、比画手势。也有些小企业股票交易所，比如电话场外交易市场（OTC），但它们无足轻重，监管也不严格。纳斯达克成立于1971年，旨在为场外交易市场带来秩序和公平。这是一种虚拟交易厅，使用一套集中显示价格的系统。全国各地的中介商（dealer）和交易员不再需要阅读每日"粉色单据"，也不必拿起电话去了解价格；现在他们可以在一个地方实时看到股票报价。纳斯达克的中介商叫作"做市商"（market maker）[1]，他们不必再不停地打电话来跟进报价，只需在希望实际完成交易的时候使用一次电话即可。

伴随着20世纪90年代长期繁荣带来的兴奋，纳斯达克找到了前进的方向。曾有一段时间，美国所有的股票市场都在给纽约证券交易所（New York Stock Exchange，英文简写NYSE，中文简称为纽交所）打下手。但到了20世纪的最后10年，纳斯达克促进并培育了新一代科技公司的崛起，如思科、微软、戴尔、苹果和英特尔。这

1　纳斯达克的做市商充当中间人，为买卖双方牵线搭桥，或根据自己的库存填单。考虑到纳斯达克是场外市场交易股市，成交量一般较低，做市商必须发挥至关重要的作用，为市场的运转提供润滑。也就是说，他们为那些原本难于交易的证券"造市"。作为报酬，他们通常从"出价"（买方愿意支付的价格）和"要价"（卖方愿意接受的价格）之间的"差价"（或差额）中收取一小部分服务费。

些初创公司大多规模较小，当时很难筹措到大量的风险资本，纽交所更不会让未经检验的创业公司挂牌，它们只好上纳斯达克筹集资金。纳斯达克是它们唯一的选择，因此，对数百家极具潜力的新生企业而言，纳斯达克公开市场就是对它们有着抚育之恩的"母亲"。当然，日后这些公司不见得都能幸存，但那些坚持下来的企业改变了世界。它们变得越来越强大，成为美国和全球的领导者，同时对纳斯达克仍然忠心耿耿。实际上，随着美国商业中心逐渐向西转移，从东部和中西部的产业工厂转移到阳光普照的硅谷，纳斯达克成了主要的受益者。它的品牌成了成功、科技和全球化的世界性标志。

20世纪90年代末，繁荣吹成了气球，纳斯达克继续蓬勃发展。在那个"非理性繁荣"的狂热淘金时期，通过互联网获得财富的前景，激励了成千上万的初创公司创建在线商业模式。你所需要的只是足够的"眼球"，有了"眼球"，投资者们似乎就心醉神迷。少数公司，比如亚马逊，取得了超出预期的成功，成为全球经济的支柱。更多的公司，现在留给人的记忆只有它们冲天的估值和灾难性的爆炸，比如eToys（曾为全球最大的网络玩具零售商，现已退出历史舞台）和Pets.com（一家专注于宠物用品的电商企业，股价从曾经的11美元跌至0.19美元）。纳斯达克是所有这一切的中心——它打开了一扇门，通向全球在线交易、股票投机和财富创造的新世界。

这一切，短短10年前还无法想象。事实上，有一种说法不无道理：如果没有纳斯达克，就不可能有互联网的繁荣。仅仅在1999年这一年里，纳斯达克综合指数（在纳斯达克上市的数千只股票的加权指数）就增长了近86%。然而，尽管纳斯达克的品牌地位创下新高，但另一轮创新掀起的浪潮却又向它投下了阴影。

而我就是后者中的一员。我是如今所称的"金融科技"行业的创业家，为ASC创建了一套早期的电子通信网络（Electronic Communications Networks，简称ECN）。ECN是以计算机为基础的交易系统，不仅可以发布报价，还可以通过电子方式匹配并执行订单。在纳斯达克的系统中，你可以直接从屏幕上看到出价和要价（要我说，这已经很好，但还差那么一点点），但没有中间人，交易无法完成。客户们仍然必须拿起电话才能完成交易。事实上，开盘时，纳斯达克的交易桌几乎跟纽交所大厅一样喧嚣——电话铃响个不停，交易员们冲着耳机大喊大叫。ECN的出现让最后一步得以自动化，客户实现了直接访问，并且成本更低，速度更快。未来就在眼前，它是数字化的。尽管它的分配可能并不平均（借用作家威廉·吉布森的说法），但它很快就会出现在你附近的证券交易所里。在一个活跃度爆炸式增长的市场里，ECN的影响力和市场份额一点一点地越变越大。

实际上，在线券商、短线交易和其他非传统市场活动的崛起，创造了数目庞大的新订单，它们必然会去某个地方。一如洪水冲下山坡，所有这些订单都要求使用新的交易方法。它让传统的渠道不知所措，又在纳斯达克的扩展交易版图上切割出了新路径。ECN的出现，恰好迎合了洪水般的新增交易量，为快速而灵活的交易论坛提供了实时的执行。新平台随时在线，而且全球可用。股票交易的大规模去中心化和民主化逐渐推广开来。任何人都可以进行股票交易，而ECN促成了这场革命。

1999年，ASC以不错的价格卖掉了，但随着繁荣的持续，我看到它的估值在接下来的一年里继续飙升。有时候，我忍不住懊恼地感叹，我们卖得太早了，居然没想过要在这轮千载难逢的牛市中来一次公开募股。然而，到了2003年，这样的想法早就烟消云散。热闹的舞会结束了，随之而来的宿醉也很厉害。早卖一年总比晚卖一年要好。

就纳斯达克而言，起初的市场暴跌并不是个问题。波动性和高交易量对股市来说是件好事，而互联网泡沫破裂后不久，市场既充满波动，交易量也很高。但随着IPO市场的枯竭，经济难以复苏，纳斯达克的深层次问题变得越来越扎眼。一如传奇投资家巴菲特的名言，"只有当潮水退去，你才知道谁在裸泳。"讽刺的是，纳斯达克的问题竟然集中在它标志性的焦点领域——技术上。更为灵活的新ECN已经超越了纳斯达克过去具有创新性的系统。越来越多的买卖活动脱离了传统的券商市场。纳斯达克缺乏竞争力，恐怕要在21世纪沦为不值一提的小角色。它就像一艘雄伟的大型战舰，坚固、适应性强，而且设计得十分稳定。它仍然吸引着所有的关注，但它是为另一场战争而造的。每一天，它都败在了一支更小、更轻、更快速的实验性新舰队手里。这艘战舰的沉没是迟早的事。

未来的市场

你可以从市场深入地了解一种文明：他们是什么人，他们擅长些什么，他们孕育了什么样的创新交付给社会。在古代世界，市场是商品、服务、文化和思想的交易枢纽。在现代世界，市场演变并扩展为公共的和私有的、真实的和虚拟的。一如既往，今天的我们如果想知道发生了些什么、接下来会发生些什么，仍然会关注市场。市场反映了文化的变化与演进。很多时候，历史事件和创新在市场上萌芽。历史上最具影响力的市场形式包括威尼斯的里阿尔托桥（Rialto，14世纪），土耳其的大巴扎（17世纪），荷兰的阿姆斯特丹旧证券交易所（Amsterdam Bourse，17世纪）和纽约证券交易所（20世纪）。随着21世纪的到来，纳斯达克已做好加入这一行列的准备，成为定义信息时代的市场。但在2003年，所有这些热望都受到了质疑。

我不光是从报纸上读到纳斯达克的问题，我有跟他们（而且通常是每天）打交道的第一手经验。ASC的主要产品是一套交易订单管理系统，是为了与纳斯达克交易平台整合而设计的。我的工作涉及跟在那里工作的不少人保持长期联系。至少可以这么说，这是一个令人沮丧的过程。纳斯达克简直没法儿把事情做完。它反应迟钝，行动缓慢，独霸垄断。员工们似乎动力不足，毫不敬业。在我看来，它具备了功能失调的官僚机构的所有特征。它让我想起了小时候父亲在邮局工作的故事。很明显，无论是谁接任首席执行官的职位，他可不光需要更新纳斯达克的技术，提高其竞争力，还要应对同样迫切的企业文化转型。

招聘人员打电话来的时候，我脑子里想的全是这些事。他们能考虑我是件挺值得骄傲的事，但鉴于我对该组织运转动态的了解，中和了我对这一机会的热情。这份工作将带给我什么，我全无幻想。这是我下一步该做的事吗？我如今正置身一个增长行业的最前线，扮演着令人兴奋的角色，我真的想去领导一场必然会累死人的转型吗？我当然不打算一辈子都待在SunGard，但我想象过要迎接的创业挑战无非是领导某种初创公司，而不是一头扎进一家苦苦挣扎的传奇企业。此外，纳斯达克的业务规模其实比当时我所在的公司要小。然而，它的品牌地位和它与全球经济的相关性远远超过了它的员工人数。我跟它甚至存在私人联系：我的研究生论文就是写的纳斯达克，探索技术怎样改变股票交易世界里人的互动。这是命运的一刻吗？我左右为难。

无论纳斯达克存在什么问题，它都是全球偶像。像这样的组织可不会每天都打电话来。当招聘人员第二次联系我时，我答应参加面试。这是一个只此一回的机会，把纳斯达克改造成21世纪的决定性市场。这样的挑战，不得不说我颇有几分兴趣。

第二天一早，我的名字出现在《华尔街日报》上。那时候，我们还不曾天天都把互联网捧在手上（智能手机时代的到来），我记得自己应该是在吃早餐时听到这个消息的。当时，我的电话响了起来。显然，外面流传起了一个故事：纳斯达克要为首席执行官人选对我进行面试。这是我第一次登上《华尔街日报》，也是我第一次瞥见自己即将进入的新世界——快速、激烈、非常公开。

我找SunGard的老板克里斯·孔德（Cris Conde）谈了话。我不想把他晾在一边，但我请他给我一周时间考虑这个机会。我非常尊重克里斯，我觉得应该对他保持忠诚，而且，我很感激他看到了ASC的价值，并为之付出了优厚的报酬。他慷慨地同意了我的请求。纳斯达克要我接受董事会的视频面试。2003年，我们的口袋里还没能揣上这样的技术，所以，我受邀前往城中心的一处办公室。我面前的屏幕上出现了纳斯达克的几位董事，包括硅谷最早的风险投资家之一亚瑟·洛克（Arthur Rock）、手下私募股权公司持有纳斯达克当时27%股份的沃伦·海尔曼（Warren Hellman）、全球投资银行及机构证券公司杰富瑞（Jefferies and Company）的CEO弗兰克·巴克斯特（Frank Baxter）。和我同坐一室的是巴尔的摩银行家、有利银行（Mercantile Bank）前首席执行官、金融界备受尊敬的资深老兵——"光头"弗隆·鲍德温（H. Furlong "Baldy" Baldwin）。

纳斯达克董事会的构成以跟科技行业联系紧密著称。尤其海尔曼和洛克两人都在硅谷有着深厚的根基。洛克是位有着传奇色彩的投资人，他帮忙创办了技术先锋仙童半导体公司（Fairchild Semiconductor），是英特尔的创始投资人兼主席，还是苹果公司早期的关键人物。海尔曼是雷曼兄弟投资公司的前主席，后来成为西海岸风险投资和私募股权的重要参与者（旧金山人都深情地记得他是蓝草音乐节的赞助人，他在遗嘱中慷慨地为之做了捐赠，还在音乐节上弹奏了班卓琴）。

纳斯达克的首席执行官遴选委员会出现这两人，暗示纳斯达克已下定决心，要以科技作为未来的发展方向。尽管纳斯达克的上市公司包括了无数的科技品牌，但世人并未把此时的纳斯达克本身看作一家科技公司。诚然，它使用技术，但信息革命尚未重新写入华尔街的DNA。定量分析师、高频交易员和算法交易系统都还不是什么重要角色。实际上，过去的"卫兵"——交易员、经纪人和经营金融机构的银行家——都不是天生的技术专家。纳斯达克、纽交所和世界各地的其他许多交易所正在经历（有时甚至还在抵制）一场代际转变：从过去非营利性的、与外界隔绝的"经纪俱乐部"，变成更透明、更公开、动作更快、以技术为驱动的全球交易平台。

变化中的行业面貌需要一种新的领导方式。纳斯达克董事会明显表现出了极强的先见之明，准确地意识到了这一转变的关头。从过去赖以为左右臂膀的华尔街寻找下一任首席执行官，对他们来说再容易不过了，但他们瞄准了未来。跟纽交所一样，纳斯达克的最高职位同样暗含了敬重之意，往往会由金融界某位受人尊崇的资深长者担任，但只作为礼仪性的闲职。但到了为纳斯达克书写下一篇章时，海尔曼、洛克和其余的董事们显然并未遵循传统。

第一次面试进行得十分顺利。很明显，董事会和我对公司所面临的文化及技术挑战有着一致的看法。很快，我对他们为什么相中我的疑惑彻底打消了。或许我并不来自投资银行或经纪公司，但我的创业背景和技术定位构成了我的部分吸引力。纳斯达克需要那种活力。

我开始感觉，如果我真的想要这份工作，大概它真会落入我手里。不过，没多久，我就知道自己面临着激烈的竞争。讨论进行到某个阶段，猎头无意中透露，另一位候选人是时任美林证券（Merrill Lynch）全球股票交易负责人鲍勃·麦卡恩（Bob McCann）。我知道，麦卡恩是个能说会道、富有魅力、令人敬畏的人，在传统面试形式下很难击败他。如果我们都只是规规矩矩地回答问题，我怕这份工作会花落他家。

一想到有可能会输给别人，我才意识到自己多么渴望拿下这份工作。你在跟谁开玩笑？我问自己。你才不会从这样的一个机会跟前走开。我的企业家思维已经开始酝酿哪一类型的转型能帮助纳斯达克转向了。我越是思考，就越是心意坚定，我要尽我所能向董事会证明，我是带领纳斯达克进入新时代的不二之选。我要在第二次面试时采取更主动的方法。说到底，有冲劲的交流不需要对话技巧，只需要果断和行动。

等那一天到来，我坐在电脑屏幕前，纳斯达克董事会的人还没开口，我就说："这是我头100天里要做的5件事。"

我的计划很简单：

1. 找合适的人加入。

2. 减少官僚主义。

3. 恪守财政纪律。

4. 对技术进行全面升级。

5. 不再满足当老二。

我花了大约15分钟来逐一讲述这个五步计划，对我将怎样实现每一步做了说明。没有故作姿态，没有巧言令色，也没有展示魅力。这就是一份直截了当、脚踏实地的变革蓝图。等我说完，我扫视了一番视频监视器上（以及房间里跟我在一起的两个人）的面孔。看得出来，我已经赢得了他们的心。两个星期后，我的任命消息正式放出。

第一天

对于纳斯达克怎样才能成功，我有一个坚定的观点：它将涉及文化上的重大变革。不可避免地，这会引发不满和怨念，我必须要跟纳斯达克现有管理团队的一些人割袍断义。此事无法回避，我也只能做这么多准备。在接受新工作的前一天，我决定做一件事。据我所知，它是保持思想专注、释放部分紧张情绪的最佳途径：我跑了一场马拉松。

年轻时，田径是我最喜欢的运动，成年之后，我开始跑更长的距离。在那个周末，我能找到的唯一一场比赛在加拿大渥太华举行。我带上两个儿子一道前往。那是5月下旬出奇寒冷的一天。事实上，由于天气冷得太离谱儿，我们的返程航班差点儿取消，因为除冰装置已经收回了仓库。难道我要错过自己上任纳斯达克首席执行官的第一天吗？我坐在停机坪上这么想着。谢天谢地，飞机顺利起飞。望着渥太华的天际线渐渐消失，我想，以后我什么时候还有时间和机会再做一次这种事呀？后来我才知道，这是我最后一次参加马拉松。

第二天，我坐在新泽西家里的厨房，妻子茱莉娅从前厅喊我。

"鲍勃[1]，外面停着一辆硕大的黑色凯迪拉克，我猜那是给你准备的。"

当司机打开豪华私人轿车的门，我回想起自己这一路走了多远。我并不是生来就要当企业巨头的人。我出生在工人阶级家庭，必须努力干活儿才能获得教育。我没上过私立学校，也没上过常春藤盟校。我很幸运地获得了真正的提升机会，但每一个机会，我都是自己努力争取得到的。身为雄心勃勃的年轻管理人员，我把自己推上了有利于成功的位置。我上了夜校，从纽约大学斯特恩商学院获得了MBA学位。我帮忙创办并卖出了一家成功的企业，获得了重要的领导经验，为家人创造了美好的生活。但这次的情况有所不同，我踏上了一个更大的舞台。纳斯达克不仅仅是一家组织或企业，它是美国的制度，是资本主义的全球象征——一个代表数百万人愿望的标志性品牌。在我自己眼里，我仍旧只是一个来自皇后区

1　罗伯特·格雷菲尔德昵称。

的孩子，但我知道，在这一路上的某个地方，我已经跨过了一条看不见的线。私人汽车和《华尔街日报》的报道只是这一变化的最初迹象。以后还会发生更多类似的事。

汽车停在了纳斯达克的总部——自由广场一号。这座雄伟的摩天大楼最初是1973年由美国钢铁公司委托建造的，该公司一度曾是排名前10的美国标志性企业，但如今连前500名都进不了。如果说，有什么东西能提醒我商场上没有常胜将军，大厦的巨型钢铁大梁本身就传递了明确的信号。

我从来不曾想象过，这座巨大的建筑会成为我未来14年的工作场所——从全球市场的角度来说，它等于一辈子。在此后的几天、几个月和几年里，我见证了纳斯达克的濒死与重生，把它建造成了全球一流的证券交易所，以及一家活跃在全球六大洲25个市场的顶尖公司。我将帮助国会和证券交易委员会改革金融监管制度，让它变得更符合当代需求，而针对纳斯达克如今已经过时的技术，我将通过大规模重组进行升级。在我的任期内，我将亲眼目睹雷曼兄弟的破产，以及随之而来的金融恐慌。在可怕的闪电崩盘期间，我站在舞台最中央；在声名狼藉的Facebook首次公开募股中，我站在聚光灯之下；我还卷入了高频交易员引发的争论。跟所有人一样，我将为伯纳德·麦道夫（Bernie Madof，纳斯达克前主席，制造了美国历史上最大的庞氏骗局）的垮台大感震惊，也为我一生中经历过的最严重衰退后全球市场的韧性和复苏大受鼓舞。

在这一幕幕中，我将参与数百次成功的首次公开募股，为美国下一代（生物技术、技术、能源、可再生能源、医药等领域）的伟大企业在公开市场上找到资金和力量。那将是一段剧烈动荡的时期，就连我自己作为首席执行官的工作性质，到最后都将面目全非。

但大戏尚未揭幕。在2003年5月那个凉爽的春日清晨，我只知道纳斯达克正为生存而战，1分钟也不能浪费。说不定我来得太迟了。我走进大厦正门，前往我位于50层的新办公室，并在上午8点之前，清退了高管团队的3名成员。

02

人事第一

MARKET MOVER

LESSONS FROM A DECADE OF CHANGE AT NASDAQ

"格雷菲尔德就任后，两名高管离开纳斯达克。"

《华尔街日报》，2003年5月13日

找合适的人加入

这是我面试时向纳斯达克董事会提交的优先待办事宜清单上的第一项。合适的人能撬动公司里的其他人,尤其是当你正经历转向和文化变动的时候。跟生活一样,生意场不可预测。无论你的策略有多好,有一件事保准会发生:你将面临意想不到的挑战,新的机会将出现,变化的市场条件会打得你措手不及。你无法控制环境,但你能保证自己拥有最优秀的人才,这样,一旦他们周围的世界发生变化,他们能迅速适应、有所反应、挺身而出。这就是为什么我的座右铭是"人事第一"。

在管理界,我们经常提及敬业度。如果你的员工每天上班只是为了拿工资,公司就不可能长期繁荣。敬业的员工来工作不仅仅是为了一张支票。他们带着目标甚至激情来上班。他们渴望努力工作,跟组织的使命心心相连。这才是蓬勃发展的企业所需要的那种劳动者。在任何文化变革的初期，关键的第一步便是找到那些想要在新的文化里工作的人，并告别那些不愿意这么做的人。

当企业领导者说"人事第一"，或者"员工是我们最重要的资产"，这样的信息也许显得温情十足但又缺乏真实感。可这并不总是首席执行官能用拥抱和微笑传达的一句话。"人事第一"的原则还有另一面。一如合适的人对任何企业的成功都极其重要，错误的人——也就是不管出于什么原因不合适的人——需要被打发出门。而把员工打发出门从来不是一件容易事。

我就职之后，首次解聘员工的时刻随即到来。我已经做了功课，评估了高管团队，知道管理层必须进行几项调整。第一个人进来时，还是上午很早的时段。这人在公司的资历很老。我认为他是旧纳斯达克的一部分，也知道他并不能很好地适应我打算进行的改革。我需要有人能走在问题的前面，而他似乎只能在事后分析出了什么问题。眼下，我是要迈出正确的步伐，拖拖拉拉没有任何好处。"我们要把纳斯达克带往另一个方向，"我向他解释，"我们认为，你掌握的技能组合跟我们想去的方向不匹配。我们最好现在就分道扬镳，你还有时间另谋高就。"

他当然大吃一惊。或许他曾想过这事会发生，但我看得出，他没料到还不到早晨8点，我就任的第一天，它居然就来了。我在头一个小时里通知的另外两个人也没料到。随着员工们陆陆续续出现，看到工作日还没开始，自己身边就发生了这么多事，一股明显的震惊情绪弥漫开来。人事变动的消息逐渐传了出去，不出所料，人们很不乐意到我的办公室来。

人事变动很痛苦，可没有办法回避。我在第一天就道别的人，以及我在第一年里解雇的近300名员工并不是机器上面目模糊的螺丝钉。他们是同事和队友。变化并不是他们招惹来的。对这样的局面，我很高兴纳斯达克有足够的资源可以发放慷慨的遣散费。毕竟，这些员工里有许多人并不是因为工作表现不如预期而离职的。相反，是高层的期待突然发生了戏剧性的转变。

我知道这些变化会暂时影响士气。但我牢记着一位朋友兼生意伙伴维尼·维奥拉（Vinnie Viola）提出过的一条精彩建议："在一家糟糕的组织里，良好的士气不值一提。"他绝对正确。如果企业失败了，心满意足的员工队伍又有什么用呢？如果这是达到目标（良好的士气和伟大的组织）的需要，我愿意暂时牺牲士气。

从到任的那一刻起，我就采取了明确果断的行动，这也为我节省了很多时间和纠结。信息立刻有效地传达了出去：我们进入了新世界，固守旧世界毫无益处。它为我们节省了无数个小时的会议和旷日持久的文化之战，我不想总是听到"我们一直都是这么做的"这句话。

透明度能构建信任，减少戏剧性场面。如果你从一开始就告诉别人你要干什么，那么，当他们看到你贯彻自己的意图并采取相应的行动时（哪怕这牵涉做出艰难的决定），他们在某种程度上会欣赏你的坦率和诚实。这将为你的领导能力营造出信任感，鼓励下属清晰和透明地对待你。如果你不透明，你就为各种各样的负面事件埋下了伏笔。流言蜚语、含沙射影和无端猜忌将一一出现，它们才不会帮助人完成任务呢。

最重要的是，如果纳斯达克想要生存下去，这些改变必须发生。是的，这些棘手的情绪同样也是这份工作的一部分。但一如当时我对团队所说："我们不能像慈善机构那么运作。如果我们不做正确的事情，不去进行必要的改变以适应金融的现实，那么，早晚会有人收购纳斯达克，替我们做正确的事情。"作为一家上市公司，你时刻都处于待售之身。售价每天都在股票行情表上公之于众。如果你经营着一家利润率20%的企业，但实际上，你这一行的利润率应该是35%，那么，一定会有人发现这一点并先下手为强。

谁留在了车上

大多数企业领导者都明白聘用不当带来的恶果。在线零售商美捷步（Zappos）的首席执行官谢家华（Tony Hsieh）说，自从开业以来，聘用不当的员工已经让他的公司损失超过1亿美元。人力资源管理协会（Society for Human Resources Management）的一项研究表明，一个糟糕的员工带来的成本有可能高达其年薪的5倍。招聘糟糕的员工会破坏生产力，打击士气，对其他员工的绩效产生负面影响。另外，没能找到合适的人到岗所造成的机会成本无法估量。遗憾的是，让错误的人把持岗位跟聘用了糟糕的人的后果一样。这就是为什么我认为，在转型之初的招聘过程中所经常提及的关注点也不妨放到现有的员工身上。实际上，想象你正在为一家新公司招聘员工，这家新公司只有在你完成变革过程之后才能存在——这么做会很有帮助，它将让你以全新的眼光看待现有员工，因为你的视线落在组织的未来。

"我感觉自己正在接受面试，"后来，阿迪娜·弗里德曼（Adena Friedman）这样形容我们的第一次见面，"没过多久，我意识到，我的的确确是在接受面试！"你大概认出了她的名字，2016年我决定离开后，她将成为纳斯达克的首席执行官，到撰写本书时，这个职位仍然保留在她的手里。2017年，《福布斯》杂志评选她为全世界最具影响力的女性之一。2003年的时候，她是一名聪明的年轻高管，有着巨大的潜力。她已经在纳斯达克工作了10年，有着强烈的奉献精神，激情洋溢，而且称职胜任。我很快意识到，在这次重组中，她无需担心自己的工作。阿迪娜很快成了我核心圈子的关键成员。她是个高效的管理者、强硬的财务谈判家，日后将领导一连串的战略收购。

除了阿迪娜，还有另一位高管将成为纳斯达克转型的核心人物：我的新任战略副总裁克里斯·康坎农（Chris Concannon）。业内人士可能知道他是大型电子债券交易平台MarketAxess的现任总裁兼首席运营官。2003年，克里斯和我一样是个局外人，他是我带到纳斯达克的两名副手之一。此前，他曾在一家名叫"岛屿"（Island）的电子通信网络，后来又在其母公司极讯（Instinet）担任高管，因此他对技术改变交易格局的方式熟稔于胸。作为电子通信网络的新一代高管和领导者，从市场的角度来讲，我和克里斯都是纳斯达克的"破坏者"。

克里斯聪明、独立，富有创造性，他有一种"不驯聪明人"的个性，为我们的高管团队带来了一些受欢迎的轻松感。他不光会按照指示做事，还喜欢事后复盘。事实证明，他对纳斯达克各种项目和商业策略的想法在组织重组中无比宝贵，他的技能跟我完美互补。老实说，我相信任何一支良好的团队都应该有着彼此互补的技术、能力和专业知识，而不是单纯地重复。我把这想成是"技能组合纵横交错"。克里斯后来成了组织的思想领袖，他深刻地理解市场和交易所的运作方式，帮助我们把纳斯达克市场引导到下一阶段。我为阿迪娜、克里斯和其他许多人感到骄傲，他们从有才华、拥有巨大潜力的年轻人变成了资深领导者，直到今天都塑造着金融行业的未来。

就任的最初几天和头几个星期里，我继续评估自己的管理团队。有些人明显为公司带来了许多价值，比如全球指数集团（Global Index Group）的执行副总裁约翰·雅各布斯（John Jacobs），或总法律顾问埃德·奈特（Ed Knight），我很幸运把他们都拉上了船。不过，我最终跟另外几个人分道扬镳了。我并未立刻到公司外部寻找代替他们的人，而是更仔细地观察本就在我周围的人。我得到的回报是，从纳斯达克发现了真正的人才，而在我到来之前，这些人没有得到认可，发展不足，或是没得到充分的利用。

有时候，走出公司寻找某个岗位的合适人选很有必要，但别把它当成默认之举。从内部提拔能鼓舞士气，激励员工实现更好的业绩，避免许多与外部招聘相关的风险。招聘过程并不科学，面试最多进行几个小时。候选人有可能在面试时听上去不错，但其实很难说得准。我发现，在企业环境下，口才往往会得到过头的奖励。相比之下，内部候选人基本上已经接受了多年的当面考察。他们熟悉公司文化，这能加快入职过程。只要有可能，不妨先提拔内部人才，再到外面去招聘。

如果发现自己无法遵循这一规则，你大概有必要做些诚实的自我检查。如果你是在一家老牌企业担任领导者，你应该培养自己需要的人才。每当我在公司内部找不到一个关键职位的候选人，我都会问自己：我在什么地方做错了吗？出于这个原因，历年来，我们为培养人才投入了大量资源。当然，有时候新鲜血液也是好东西，你不希望跟外界彻底隔绝，但作为总的指导方针，我喜欢把内部晋升和外部招聘的比例保持在80：20上下。

一次又一次，我在纳斯达克发现了隐藏的珍宝，提拔了公司内部人才。我辞退上市业务负责人之后，并没有直接去找高管猎头经纪公司。这是个非常重要的职位，需要独到的人际关系管理技能、营销才能和公关专业知识。没过多久，在出差去旧金山办事处的路上，我碰到了布鲁斯·奥斯特（Bruce Aust），他是一名极具个人魅力的年轻高管，不光具备上述技能，还跟硅谷的一些头号人物有着很好的交情。问题只有一个：布鲁斯是公司的副总裁，在纳斯达克的高级管理制度下排在倒数第二。要领导企业客户事业部，他必须越过高级副总裁这一级，成为执行副总裁。这种跳跃式的升迁，此前在公司里几乎闻所未闻。在旧纳斯达克的企业文化里，你得先晋升到副总裁，度过2~4年时间，然后你才可能会被考虑晋升到高级副总裁的职位，再过几年，少数幸运儿兴许能得到执行副总裁的位置。它更看重时间和经验，而非价值和绩效。诚然，资历有价值，但我希望任人唯贤同样成为纳斯达克的一项基本价值观。我考察了现有的执行副总裁，发现没有人具备我从这位年轻副总裁身上发现的素质。

等我以首席执行官的身份首次前往西海岸出差，我对布鲁斯的直觉得到了证实。布鲁斯组织了一场晚宴，邀请到技术和风险投资界几乎所有关键人物参加——为了将自己定位成新兴技术世界的股票市场，纳斯达克正需要与这样的人结交。上市业务完全就是人脉生意。事实上，我跟前负责人分道扬镳的原因也与此有关——他花了太多时间坐在办公室里，他是会议室里的操盘手，却不是个擅长建立关系的人。相比之下，组织那场晚宴的人显然比大多数候选人都更擅长建立交情。

第二天晚上，一连串马拉松式的会议过后，我动员布鲁斯带我去斯坦福田径运动会上去看我最喜欢的运动。我们坐在看台上，他转过头来，表情严肃地说，"鲍勃，在你决定执行副总裁的人选时，有些事你应该知道。"

我的心一沉：我几乎已经决定要打破传统，把职位给他了——难道他会说出什么值得我再次斟酌的消息？

"我是同性恋。"他说。

我松了一口气。"布鲁斯，我只关心你工作干得好不好！"

考虑到当时的社会气候，我猜他觉得，在接受我的晋升邀约之前，有必要把这事提前告诉我。他不必这么做，但我欣赏他的坦率。当时是2003年，跟现在虽然只相隔短短十多年，美国企业文化也发生了极大的积极变化。

很明显，布鲁斯的优势与他想要的工作是相匹配的，所以我邀请他越过高级副总裁级别，担任执行副总裁。一般而言，我相信"在其位者言其事"的价值，但特别的时期需要特别的举措。尽管他没有理想的管理经验，但他是接手这一工作的合适人选。此外，对他的任命强化了我希望传达给纳斯达克的文化变革：不要固守传统。这是一个变革的时代。我自己不是通过传统方式晋升到高层的，我也不会让传统压倒才华。此后十年，布鲁斯一直在这一关键岗位上效力。

一点一点地，我找到人填补了组织大巴车上的关键席位。如果说大巴车这个比喻听起来耳熟，那兴许是因为它借用自吉姆·柯林斯（Jim Collins）的畅销书《从优秀到卓越》（*Good to Great*）。柯林斯认为，要让企业从一般成功转型为世界一流，首先是把合适的人拉上大巴车。

我特别喜欢这一画面，《从优秀到卓越》的读者们说不定还记得，柯林斯的比喻至少部分地受到了汤姆·沃尔夫（Tom Wolfe）的《迷幻校车》（*The Electric Kool-Aid Acid Test*）的启发。这本经典作品描述了20世纪五六十年代，小说家肯·克西（Ken Kesey）和一群"快活的恶作剧者"开着一辆花哨的大篷车穿越美国的故事。克西喜欢用"你要么上车，要么就下车"这句话来反映这一嬉皮士群落的领导方式。克西大巴车的司机其实就是杰克·凯鲁亚克（Jack Kerourc）《在路上》（*On the Road*）一书里的主人公尼尔·卡萨迪（Neal Cassady）。

这个比喻把身为纳斯达克这辆大巴车司机的我，跟我在学校里热爱的伟大垮掉派诗人联系到了一起，真叫我无法抵挡它的魅力——不过，我当然希望自己是个比卡萨迪更安全靠谱的司机！

撇开诗歌联想不谈，柯林斯的建议同样有道理。他的研究表明，领导者最好"从'什么人'而不是'什么事'着手"。他发现，一支坚如磐石的队伍似乎是所有从优秀走向卓越组织迈出的关键第一步。市场会改变，战略会改变，但一支卓越的团队可以应对这一切。我对自己想要建立什么样的公司类型有大概的感觉，但我知道前方的道路除了令人兴奋的新目的地，还不可避免地会出现意想不到的曲折（和颠簸）。找到了合适的人，纳斯达克将能够适应所有这一切挑战，并有效地回应机遇。

人事第一。为了让所有人明白这一点，我定制了几千辆小小的玩具大巴车，再搭配《从优秀到卓越》，一起分发给纳斯达克的员工。这是个算不上微妙的小小暗示：改变的车轮已经转动起来。

新人新文化

每当公司文化发生激烈变化，人才过滤体系不可避免地会受到影响。用一个演化领域的术语来说，组织中的选择压力将重置，这种变化将在整个公司生态系统中制造回响。通常，适合新文化的人跟前体制下蓬勃发展的人不是同一批。不可避免地，文化一经改变，拥有更适合新环境技能的人会瞬间脱颖而出。

等到条件合适，绩效优秀者能摇身变为绩效卓越者。我一次又一次地看到，游戏改变之后，二流选手就变成了一流选手。我的经验是，人们想要有所成就，想要有所贡献，想要帮助组织蓬勃发展。如果你清晰定义了使命，消除了官僚主义和组织惰性，为每一岗位需要些什么提供了清晰的陈述，还设置了良好的奖励和激励机制，你会惊讶于人们的步伐迈得何其之快。随着环境的变化，人们找到了焦点。我们开始在纳斯达克开展组织变革时，我注意到，有些人的眼睛闪闪发亮，走在大厅里的步伐有了一股全新的轻盈感，愿意更加努力地工作，实现超乎期待的结果。他们为正在发生的事情感到昂扬振奋。

历史塑造了纳斯达克的文化。长久以来，它都是一家非营利性组织，沿用了其母体组织美国证券商协会的文化模式，而证券商协会是个监管机构。在那里工作的人薪水优厚，工作时间规律、稳定，工作流程有规可循，福利待遇好。这种文化本身并没有错，只要它符合组织的宗旨就行。但我的任务和使命有所不同。我希望纳斯达克完全投入到这个竞争激烈、以营利为目的的世界里，成为金融行业的领导者和创新者。我想要它发展壮大，成为全世界最顶尖的股票交易所。为做到这一点，我们必须"瘦身"，变得更精简、更快速、更灵活、更具竞争力。我们需要改变思维方式和技能组合。这无疑是破坏性的，一些人会全心全意地接受改变，并在新的文化下茁壮成长，而另一些人会觉得不甚愉快。这取决于我，在就任最初的日子里，就这种变化的性质发送出明确的信息。

从一开始，我就明确指出，纳斯达克的新方向并不适合所有人。我的信息非常直白："这个地方正在改变。它要从非营利环境走向节奏更快、风险更高、压力更大、潜在回报也更丰厚的环境。我们要把它建设成以业绩为导向、任人唯贤的精英体制。能量、期待和文化都将改变。如果这种新的文化对你没有吸引力，我建议你现在就自主选择，另谋高就，因为这种错配最终会变得非常明显。请另找一个更合适的地方。"这就是纳斯达克"大分流"。

第一年，我们裁掉了近1/4的员工。一些是出于精简和降低成本的需求，一些是关闭不赚钱业务线的结果。但基本上，它是我所关注的特定文化变动所带来的。许多员工喜欢原来的文化——朝九晚五，有章可循，少有意外。从人类生态系统的角度来看，要想在瞬息万变的全球金融市场生态系统中蓬勃发展，纳斯达克必须以更高的频率运转起来。适合我立志创造的文化的人不一定只是聪明人，它不仅仅涉及智商——虽说我当然想跟聪明强干的男男女女共事。智商只是明面上的筹码，它让你进入游戏。动机、动力、灵活性和情商同样是有助于企业成功的重要因素。"带宽"是另一个因素（使用这个词，实在是因为我没有找到更合适的词）。我所说的"带宽"，是指将注意力卓有成效地放到多个领域的能力。这是成功组织领导力的关键才能，身为领导，烦琐事务会接二连三、密不透风地向你迅速扑来。许多人都会为带宽问题纠结，高智商人士也不例外，他们有时更偏好高度专业化的领域。当然，在某些职业上（比如编程），精密聚焦的方法有着巨大的附加价值，但对管理来说，带宽就很重要了。

有了优秀的人才，就要虚心倾听

在任何转型中，知道该把什么人带上船、该提拔什么人、该对什么人放手，这些都是至关重要的。但人事第一策略的含义，远远不止招聘和解雇，任何首席执行官都可以挥舞起裁减员工的大斧头，这不需要太多的天赋。而建立一家卓越的企业则必须以高效的方式跟团队成员互动，这种方式生产力高，还鼓励人们发挥创造力、自主性、纪律性，保持专注力。

在美国的公司里，我们对聪明的管理者支付高薪。既然你要为天赋和高智商付出薪水，就要把它好好利用起来，从团队里寻求意见和诚实的反馈，让他们参与你的决策过程。

在为关键决策寻求意见时，我使用的一种方法是在高管团队里展开一连串面对面的辩论。真诚的辩论并不总是容易管理，但如果你想在决策过程里听到自己需要听到的东西，这就必不可少。任何问题都不是非黑即白，每种视角都包含着切题的真相。辩论有助于阐明不可避免的权衡，帮助你做出明智又通情达理的选择。我喜欢分配有违直觉的角色来干扰辩论。如果当天的主题是"纳斯达克日本分部：我们应该留着它还是关掉它"，我兴许会指派支持日本的高管采取反日本立场，它能营造出激烈的比赛氛围。站在自己并不支持的立场，人们才不会做出软弱无力的论证，他们懂的远比这要多。很明显，评判他们的标准是其推理的质量，而不仅仅是内容。我坚信，至少从持有某种立场的人的角度来看，大多数立场都源自理性的假设。与其简单地否定我们不认同的立场，不如努力理解它的潜在道理，哪怕最终我们还是选择了另一条道路，它仍然很有价值。

当然，不要让辩论演变成一场混战，这很重要。你不希望在大厅里大喊大叫。争论的文化令人分心。我们的辩论有着结构和规则。它们在会议室进行，每次都有十多名其他的高管出席。人们热烈地争论，最后，如果有必要，我会对手头的决定竖起拇指或直接否决，但通常来说，到了这个阶段，正确的答案对每个人都呼之欲出。不过，偶尔我也会被迫做出一个有违主流意见的行政决策。毕竟，辩论的目的不是实现完美的民主理想，而是让所有相关事宜变得更清晰，让每个人都理解提议改变的原因，以及表明我的决策是透明的，并获得更充分的信息。

在我就任CEO的最初100天，这种方法尤其关键。2003年，纳斯达克充斥着走投无路的项目。公司在这方面毫无纪律性——它有一套启动新项目的流程，却没有用来跟踪项目有效性、在必要时给予终止的流程。当然，许多项目获批启动的时候，没人预料到市场会陷入低迷。在这种情况下，公司内部往往会出现一些小阵营，对不少此类项目提供保护（或至少为之当鼓吹手）。据我所知，不止一个人以管理自己在公司内部的小集团为职业，并不考虑该项目对纳斯达克的总体使命有什么样的意义，甚至不考虑它是否赚钱。大刀阔斧地精简项目清单是一项优先度很靠前的任务。尽管如此，我也不希望因为自己专注于关闭表现不佳的项目而损失掉优秀项目。我希望给自己设置安全阀，以免陷入狂热。为此，我选择的做法是展开透明而客观的辩论。

我可以用更低调的方式来处理这一切。比方说，双方都写好演示文稿或备忘录，提交给我进行裁决，整个过程简简单单、悄无声息地完成。但这种方法忽视了人性的重要方面，低估了人们希望获得倾听的现实。围绕一个主题进行辩论，会创造出能量。不管一个项目最终是留下还是放弃，所有人都可以心满意足地认为，有关它未来走向的论据交代得清清楚楚。这有助于从高管团队获得更深层的接纳支持，并确保任何决定做出之后，我们都朝着同一个方向共同努力。

团队向我提出的意见并不仅仅来自这些阶段性辩论。事实上，哪怕是他们要告诉我坏消息，我也会跟所有人沟通，我希望他们诚实。很自然，人们都希望告诉首席执行官好消息，但这对事情本身没什么帮助。老实说，这甚至是彻彻底底的毒药，通用电气公司对此做过清楚的展示。它的没落跟所谓的"成功剧场"息息相关。所谓的"成功剧场"，是该公司内部人士的叫法，它总是强调业务的积极元素，并对它做最为乐观的叙述。在整个组织上下管理层的助推下，通用电气的文化跟业务的现实脱节了，妨碍了管理层出手扭转衰败局面。除非你主动要求，并奖励人们说真话，要不然，人们才不会告诉你该听到的事。人们喜欢装点现实、文过饰非，这很自然，但领导者必须消解这种倾向。

光是寄望于人们对你诚实还不够，有时你必须建立明确的反馈渠道。我经常用"告诉我问题在哪里"或者"给我坏消息"作为会议的开场白。而且，我不希望这种诚实仅限于最高管理层。我们还定期召开"公民大会"，邀请全体员工参加现场问答。这给了人们提问的机会，也给了我在集体环境里跟员工互动的机会。即便如此，要是碰到更棘手的问题，人们还是偏爱用电子邮件告诉我。

我还安排了固定的员工午餐时间。我会跟7个人一起吃一顿饭，每一次，这7个人都来自组织的不同领域，我会向他们征求反馈，问："我们在哪些方面做得不错？""哪些地方我们做得不好？"他们可以问我任何问题。通常我发现人们要花大概半个小时才能舒服地敞开心扉，提出诚实的问题，给予直接的反馈。我觉得这些午餐时间无比宝贵，并努力每星期来一次。

有好几个关键瞬间，我都很有理由感谢团队里存在某个对特定业务领域比我更熟悉的人。围绕纳斯达克交易中心（即纳斯达克位于时代广场的标志性建筑）发生的争议就是一个很好的例子。

对很多人来说，交易中心是纳斯达克的公众形象。它是一座圆柱形的办公和活动空间，地处曼哈顿的心脏。以时代广场为背景拍摄的任何活动视频都会看见它的环绕式数字显示屏播放着市场新闻和头条消息，无怪乎很多人都把它看作纳斯达克的总部。美国全国广播公司财经频道（CNBC）在主厅里拍摄两档节目——《财经论坛》（*Squawk Box*）和《快钱》（*Fast Money*）。大大小小的公司在这里庆祝首次公开募股，将开市钟的兴奋之音从演播室大厅传送到彭博社、福克斯商业频道和CNBC。彭博社在交易中心的演播室进行采访。企业在圆柱形的塔楼上做广告。多年来，它已经成为了一个重要的媒体中心和美国经济活力的象征。

在就任初期，我拜访了交易中心。说起来，那跟我当时以财务为导向的视角有关，反正，在我眼里，这不是纳斯达克全球品牌的标志性表达，而是个烧钱的无底洞。这地方有常年驻场的摄影师，每年要花掉足足25万美元。它一个星期要装点1000美元的新鲜花朵。它为每一场活动承办豪华的餐饮，外加24小时全天无休的派对氛围。我对刚接任首席营销官职位的约翰·雅各布斯说，这是浪费钱。

"把它关掉。"

"你是想让我把它关掉，"他问我，"还是想听听有些什么别的出路？"

"你可以告诉我有些什么别的出路，"我坦言，"但我倾向把它关掉。"我想象着我们能省下一大笔钱，还想到不必烧这些钱之后能保留下多少员工和项目。从品牌塑造的角度来看，虽然这场奢华派对很棒，但我不理解它该怎样在精明的财务审计里生存下去。在这时候，财务纪律在我心里排最首要的位置，不过，我还是提醒自己，我之所以给约翰这个职位，是因为他知道我不知道的事情，所以我愿意听他说完。

围绕交易中心的一些问题，跟纳斯达克的上市业务有关。这是面向公众的业务，大多数人会把它与公司的品牌联系起来。它赚钱，但不是增长引擎。当时，纳斯达克的核心业务是交易处理，但这一业务正在走下坡路。不扭转这种局面，其他任何办法都不会奏效。我来自技术和交易的世界，一心一意要让这一业务步入正轨。我知道，身为纳斯达克（或者类似的纽交所）的首席执行官，人很容易沉浸在领导全国股票市场的虚荣光环里，高高在上，享受聚光灯下的乐趣，而把细枝末节留给别人去做。但我受聘来不是做这些事的。事实上，我为交易中心感到担忧，有一部分原因说起来也很简单：我不希望非核心业务活动带来的璀璨光芒分散了纳斯达克的注意力。

这些直觉是正确的，但我最终意识到，关掉交易中心的提议是错的。我热情地想要重新激活纳斯达克的核心交易业务，但未能理解交易中心对上市业务有多么关键，它对我们公司意义有多重要，以及它对纳斯达克这一品牌有多重要。这一点，我是在跟纳斯达克上市公司的首席执行官们第一次对话时才意识到的。在电话中，我想要告诉他们，我们正在对交易业务的品种做什么样的改进，以及在怎样升级纳斯达克的服务和技术。他们想谈的却是敲响时代广场的开市钟。他们说起带着父母去参加开盘仪式，它是多么棒。像这样的瞬间对我们的客户有着象征性的意义。企业并不全是会议室和预算、顾客和客户、产品和服务，它也是一种渴望：能拥有一个瞬间，站到聚光灯下庆祝多年辛勤工作换回的人生巅峰。我意识到交易大厅比单纯的盈亏数字重要得多。

最终，我们没有关闭交易中心，相反，对它进行了改版，变成了一家更精简的运营机构，没有那么多昂贵的噱头和排场，又保留了它在纳斯达克上市公司中大受欢迎的所有情绪和戏剧性元素。虽说装修风格变得低调了许多，但交易中心仍是我们上市公司聚会并庆祝成就的地方（2018年2月，纳斯达克宣布了将该建筑作为总部的打算）。我们还开始把这一独特的空间租给其他人举办高调的活动，这是进一步控制其财务影响的途径。精简后的交易中心仍然提升着我们的品牌，为我们的上市公司提供强势的宣传，还减少了对我们运营绩效的拖累。我本来不愿做出保留交易中心的决策，但我的团队帮助我理解到保留它的明智之处。让身边包围着优秀的人本身没有意义，除非你相信他们能拿出优秀的解决方案（哪怕他们提出的方案让你大吃一惊）。有时候，合适的人就是能告诉你一些你还不知道的事情。

别在糟糕的聘用决策上加倍下注

担任首席执行官几个月后的一天早晨，我冲进了克里斯·康坎农的办公室。

"我再也受不了了。"我说。

"你在说什么呀？"我戏剧性地出现，让克里斯吃了一惊。他逐渐意识到我一贯直来直去，必要时甚至有些生硬，不喜欢转弯抹角。

"我们必须让他走。再不能这样拖下去了。"

这一下，克里斯完全明白我在说什么了。我刚到纳斯达克任职时，曾外聘了两名员工，其中之一完全找错了人。他的简历看起来很棒，推荐信也很出色，只是随着时间的推移，事情变得很明显：这不是个成功的安排。尽管他讨人喜欢，很有魅力，背景能给人留下深刻的印象，但他未能理解这份工作复杂微妙的地方。这人人都知道。我就任几个月之后，我不得不承认聘用他是个错误，于是开始盘算着该怎么做才好。

"听着，我能想象让他走有多难，毕竟你才刚把他招进来。看起来很糟糕，"克里斯承认，"如果你愿意，我可以跟他一起工作，帮他解决问题，必要时给他打打掩护。"

"想都别想。那行不通的。给他打掩护不是什么实际的方案。"我很感激克里斯愿意帮忙，但我不会为了给自己留面子而危害团队。"这不是我的做事风格，"我解释说，"没有回避的办法。我们必须去把遮羞布掀了。"

不用说，这对我而言不是件容易事。我曾听竞赛主管或运动队总经理说过，解雇自己聘来的教练比解雇前任聘来的教练难得多。同样的原则也适用于企业。因为尴尬而保持沉默是人类的天性，但重要的是，别让自负妨碍了你做必须要做的事情。要准备好承认自己犯了错。面对"你会犯错"的现实，别因为想着回避而错上加错。

我迅速采取了行动，没让这个糟糕的决定盘桓太久。我对碰到类似局面的领导者有个建议：如果出现糟糕的聘用决策或其他错误的人事决策，别为自己开脱。不要假装这些失误并非出自你手，既然做了错误的选择，那就赶紧改弦易辙。

从好的一面来说，让这个人走，是个受公司上下都欢迎的决定，它传达了一种信息：我不会罔顾绩效，只看重"自己的人"。我不搞那些任人唯亲的敏感把戏，我要真正做到任人唯贤。绩效很重要——人人都知道谁没有全力以赴。虽然这远远说不上是我职业生涯的个人亮点，但回想起来，这实际上是早些年里我为赢得员工支持所做的最重要的一件事情。

那天早上谈话结束时，克里斯问道："他的工作怎么办？"

我看着他，笑了："你来接手。"

他接手了。克里斯成为交易服务执行副总裁，此后的6年里，他做得非常出色。

无论是像纳斯达克这样正在经历转型的老牌组织，还是像许多选择在纳斯达克上市的飞速发展的初创公司，人是一切成功企业的命脉。听企业家们谈起创业经历，你常常会听到他们称赞跟自己共事的团队，享受那种每天早晨一起床就跟一群聪明而又热情的人一起专注一项使命，创造新东西的喜悦。纳斯达克不是一家初创公司，但在这场转型当中，我们无疑为它开启了一个新阶段。等到我担任首席执行官第一年结束时，我们的员工人数大幅缩水，但公司上下却充满了才干、热情和专业知识。我们已整装待发。

Leadership Lessons
领导力经验

- **人事第一**。你无法控制环境，但你能确保自己拥有最优秀的人才，这样，一旦周围的世界发生变化，他们便能迅速适应、有所反应、挺身而出。

- **透明度能构建信任**。如果你从一开始就告诉别人你要干什么，你便能为自己领导风格构建起值得信任的感觉，哪怕你正在做艰难的决定。

- **外聘之前先提拔内部人才**。如果你正担任领导工作，你应该在内部培养组织需要的大部分人才。先仔细观察现有的人手，再到公司外部去招聘。

- **鼓励健康的辩论**。如果你想在决策过程中听到迫切需要的意见，考虑所有的重要视角，你就必须这么做。

- **寻求诚实的反馈**。领导者需要寻求并激发诚实的反馈，并为之创造明确的传递途径，借此抵消人们装点现实、文过饰非的自然倾向。

03

——〰——

检伤分类

MARKET MOVER

LESSONS FROM A
DECADE OF CHANGE
AT NASDAQ

"纳斯达克面临市场份额萎缩，繁荣终结。"

《华尔街日报》，2003年12月24日

"除了少数知情人士和从业人员之外，所有人都不知道，纳斯达克正在为生存而战……纳斯达克能否将繁荣的科技股市场地位延续下去呢？它正承受着四面八方的袭击。"

2003年8月，《商业周刊》（*Businessweek*）发表了一篇名为"纳斯达克：求生之战"（*Nasdaq: The Fight of Its Life*）的瞩目封面故事，开头便这样写道。报道写得很有冲击力，消息也并非空穴来风。纳斯达克的情况糟透了，我们需要立刻采取行动。但更重要的是，我们需要针对正确的事情采取行动，而身为纳斯达克新任的首席执行官，我必须弄清哪些是正确的事情。

为什么有些首席执行官成功了，有些却失败了呢？毕竟，大多数挤进总裁办公室的人都极具才华、聪明强干、经验丰富，他们得到聘请的原因也正在于此。一般而言，他们工作异常勤奋，但我相信，那些在顶层干得风生水起的人跟那些在同样的位置步履维艰、苦苦挣扎的人有一个关键的区别：他们利用时间的方式不同。前者从正确的事情——也即那些能为自己带来最大优势的事情——下手。"给我一个支点和一根足够长的杠杆，我能撬动全世界。"古希腊数学家阿基米德说。卓越的高层管理者对自己的企业也有同样的感觉。他们不断寻找延长杠杆的方法——在无需投入最大的时间或资源的条件下产生最大的冲击力。

而那些失败的人也有一个共同的特点，那就是他们在错误的事情上投入了精力。时间是有限的，但首席执行官的待办事宜清单却没有尽头，在任何时候，每一个项目似乎都与企业的命运息息相关。在企业的任何发展阶段，将这些没完没了的任务确定出优先顺序是领导力所面临的巨大挑战的一部分，而在转型期间，它变得尤为关键。对一个"万物之王"型的首席执行官来说，想要每件事都做（并做到完美）是很自然的，他说不定很难接受事分轻重缓急的现实。有时候人们认为成功的关键是把工作做好，但身为领导者，同样重要的还包括知道哪些事情需要做好、哪些事情根本不必做。人们很容易把时间用在那些杠杆不够长、无法对企业产生真正影响力的事情上。不要因为看似无穷无尽的优先事项和浪费时间的任务清单而偏离正轨。相信我，在一家大企业里，你就算解决了各种各样的问题、打赢了许多场战役，最终仍可能输掉战争。

我知道我不可能一次性解决所有问题，但必须来一次检伤分类了。在转型过程中，组织的领导者必须像灾区急救医生一样运转：

迅速判断哪些项目、业务线和计划需要投入更多的精力和资源，哪些不需要。为确保最优化地利用自己的时间，我需要盘点当下面临的众多问题，理解不同的业务线，找出哪些迫切需要关照，并寻找最有效的方法削减成本、增加收入。

鲍勃与乱麻

在我掌舵之前，我曾要求纳斯达克现有管理层汇总一份每日损益。我总是希望能够证明每一项主要活动的经济效益或成本。到任第一天，报告放在了我桌上。我对团队的反应速度感到满意，暗暗猜想现有系统是不是比我最初以为的要好。结果我发现，这件事竟然用了50个人来做。这显然是个商业模式不可持续的例子。随着时间的推移，我们将建立健全的财务规划和内部成本核算分析系统，更重要的是建立起一种密切关注此类事宜的企业文化。

报告告诉我，纳斯达克每天亏损25万美元，但它没告诉我为什么——哪些具体的业务线或项目正在消耗我们的资源。换句话说，我们的成本结构并不清晰——有很大一笔乱麻般的公司费用并未明确地分配到恰当的组织领域。

每一项业务都有一团乱麻。在某种程度上，这也算合理——企业的管理费用和资源（信息技术资源、人力资源或是律师时间，甚至首席执行官的时间），是每一个部门所共用的，很可能由于各部门没有健全的跟踪系统来了解自己实际使用了这些一般资源多大的百分比，相关成本也就未能分配。有时候，人们使用公式，按员工人数或收入百分比来分配此类成本。这比完全不分配要好，但这只是粗略的判断，并不能真正帮助你准确了解组织资源的使用情况，它也无法在整个组织推进问责制。大公司很容易陷入这种困境，所有人都认为自己所在的项目利润率很高，然而组织整体却流血不止。

你不可能完全消除乱麻，但如果你可以把它限制在最小范围，便可朝着财务清晰和财政纪律前进一大步。当你准确地把成本分配到消耗成本的地方，你便在各个业务线和项目的领导者当中促进了问责制。例如，假设组织在数据中心上支出了5000万美元，你把这些成本分摊到利用了数据中心资源的所有业务线上，而其中一条业务线会突然发现，5000万美元里的很大一部分涌进了自己的损益表。这样一来，该业务线的损益情况看起来就不那么漂亮了，而领导者也由此有了新的动机，创造性地思考怎样使用资源。他兴许从来没有投票支持过数据中心，却因此吃了罚单。于是，他现在有了降低相关成本的理由。"嘿，我们干吗不把所有东西都放到云上呢？"他提议道。当人们被迫承担跟自己项目相关的实际成本，关键的新对话便由此展开，看似固定的成本兴许会得到重新审视。一如纳斯达克当时的首席财务官戴维·沃伦（David Warren）所说："所有固定成本都随着时间变化。"

在领导者寻求杠杆的过程中，解开乱麻非常关键。除非你能清楚地看到钱都花到了什么地方，否则，你没法知道怎样能够最好地运用时间和注意力。没有清晰的成本，就没有运转正常的组织。而获得这种清晰视野的办法，就是把目光集中到那些难于分配费用的地方。戴维向高管团队提交报告时，我要他直接跳到问题区域。"不必从第一页开始。我不需要知道整个故事。从熨不平的地方开始。你在哪些方面很难分配费用？"

虽然我自认为是个相当积极的人，但身为领导者，我认为自己的任务是关注那些行不通的东西。这始终是个平衡动作。如果你想大胆一搏，取得成功，那么乐观必不可少；事实上，"只有乐观主义者才能真正能完成事情"这句话很可能是真的。但乐观精神又必须用自律和批判性视角加以调和。一如海军陆战队员们接受训练，克制自我保护的基本人类本能，顶着枪林弹雨冲锋向前，领导者也需要迎头直面问题，而不是回避问题。咬紧牙关面对现实，克服逃避麻烦或拖延不决的天性。跟美酒不同，大多数问题并不会随着时间的推移而变化，把光线照到模糊、混乱或冲突的地方，因为你知道，等你创造出清晰、一致的解决途径，你就找到了杠杆。

我让戴维指出问题所在，他毫不犹豫，很快就翻到文件夹一半的地方。随着我们分配费用，把模糊一团变成颗粒分明，纳斯达克的财务状况也清晰起来。他发现的一些情况是我已经预料到的信息；另一些则出乎意料。会议进展迅速，我在有必要的地方做了最终决定。我想，高管团队对事情解决得这么快而感到有些惊讶。我传达的信息微妙但清晰：我们不会在抢地盘上浪费时间。我们不会花费宝贵的时间去争论烦琐而令人失焦的细节。我们前面有一项巨大的挑战。我们必须果断、快速行动。

领导者的直觉

领导者是怎样做决定的呢，尤其是在压力之下怎样做重大决定？因素很多，但往往可归结到直觉上。我说的"直觉"，并不是那种莽撞反应，或神秘的预感。在我看来，直觉是人毕生所学积累的结果，它带给你评估局势并做出应对的能力。你的生活经历，你的教育背景，你的商业智慧，你的成功与失败，你的突破与失误，所有这一切加在一起，就像是一台内建的指南针，校准着你手头的问题。在紧要关头，你会发现自己真正知道些什么。

直觉不仅仅是知识。我是个跑步选手，我对自己最喜欢的运动——田径——有着丰富的知识。我女儿凯蒂要参加赛跑，我以为自己能为她设计一套基于数据的训练计划，或一道从该领域其他专家那里得来的成功公式。但后来，我带着她去找了一位出色的教练弗兰克·加格利亚诺（Frank Gagliano）。我每一天都看着他在训练开始前对凯蒂说话，并选择当天最合适的训练项目。尽管有时候他的建议直接照搬了训练手册，但也有时候，他做了明显的实时调整和创新。显然，弗兰克为凯蒂设计定制训练方案的能力远远超过了我。虽然我和弗兰克有着同样的技术知识，但他拥有我在田径领域所没有的东西——直觉。当靠得住的直觉与习得知识有意地重叠到一起，行之有效的领导力便诞生了。

在商界，我相信自己来之不易的直觉，但我也坚信要利用所有可用的数据。有极少的时候，我必须现场拍板，但只要有可能，我喜欢留出时间，让决策自己变得清晰具体。数据需要时间来确定，并整合到我的直觉算法里，最终形成清晰的方向或决定。毫无疑问，我很果断，但并不总是会当机立断。我经常会带着重要的问题睡上一觉，让收集到的信息渗透到我的思维过程当中，我知道，等我醒来的时候，情况会变得更清楚。早些年，跑步也是一种我很喜欢的做法——脚在步行小径上一起一落，而我的头脑锐利，心无旁骛，只想着前面的路。但在那之后，在淋浴或吃饭时，更深刻的见解会冒出来。跟直觉共事的能力（知道什么时候该相信直觉，什么时候该迅速采取行动，什么时候该花更多时间，什么时候该寻找输入或数据），是成功领导力的一个标志。要培养这种能力，除了时间和经验之外，并没有一套完美的公式可供遵循。

我就职纳斯达克的第一个夏天，做了很多影响深远的决定。我们花了大量的时间来削减计划、项目和开支。我在克里斯和戴维的办公室里来来回回，对所有的一切都予以了质疑。有些项目正走向失败，有些项目在垂死挣扎。考虑到纳斯达克当时的财务状况，就连许多颇具潜力的举措也并没有太大的意义。这是一项辛苦的工作，每天早晨，我都要投入可观的时间看财务报告。但从其他方面说，它又很简单。我们需要削减成本，而可供砍掉的候选项目又很多。

这里列举了转型期间评估业务线、项目和计划时应该问的一些问题：

· 哪里可以止血？哪些业务线一塌糊涂，必须关闭以免浪费更多资源？

· 哪些业务线目前状况良好，无需投入可观的新投资也能生存下去？

· 为帮助企业生存和发展，在哪些地方给予直接关照，便能带来巨大的不同？

· 某个项目或计划对我们此刻的核心业务是至关重要还是可有可无？

· 哪些待议项目成功概率低，当初启动它就是个昏招儿？

关掉彻底失败的项目或计划很容易，棘手难办的是那些步履蹒跚，却又积累了少数忠诚客户的产品或服务。我经常爱说，只有一件事比没有客户更糟糕，那就是只有一位客户。如果你把它关掉，这些客户会不高兴。此外，随着时间的推移，公司内部会有人投入这些项目并保护它们，哪怕它们没有赢利能力。因此，你必须保持清醒的头脑判断什么成功，什么不成功。

我所面对的一些最棘手的决定，事关那些极具潜力的边缘项目。这里有个合适的例子：阿迪娜·弗里德曼正领导着纳斯达克针对小规模"微市值"公司设立的首家交易所——BBX。它具备真正的潜力：它有着能满足投资者的可行概念，但它还需要花上数年时间才能走向成熟，与此同时，它会消耗大量的资源与时间（最重要的是，它将占据我手下最有才干的一名高管的大量时间）。但阿迪娜对这件事很投入，激烈地反对我将之关闭的提议。我对她的立场很尊重，但这并未改变我的最终决定。对那样的项目来说，它们出现的时机不对。

我到任6个星期后，纳斯达克冲销了1亿美元绩效不佳的资产。这是分析业务实际绩效、消除混乱带来的结果。纳斯达克的资金坑不再深埋地底、模糊未知了。感谢克里斯、戴维、阿迪娜等人的努力工作，我们确定了问题区域，并朝着解决方向迈出大步。我的计划开始生效了。我首先关注的是人，因为合适的人能撬动公司里其他的一切。我开启了减少官僚主义的重要进程。现在，我们开始逐渐接受财务纪律。

核心业务的健康状况

在转型期间，财务纪律至关重要。你需要权衡、测量、清点一切有可能进行权衡、测量和清点的东西。重要的是，你还得理解公司没法靠节省走向成功。削减成本和精简运营有助于减缓现金消耗，但要让你的财务状况恢复正常，除了减少员工人数、关闭不赚钱的业务之外，还有很多事情要做。你不可能通过削减走向繁荣。

到了某个阶段，你必须找到增加收入的办法，通过众所周知的门户吸引更多的客户。新的领导者需要迅速了解公司的各种收入来源，并提出如下问题：核心业务的健康状况如何？

2003年，纳斯达克的收入来自3条主要渠道。首先是数据和索引业务。举例来说，这就包括所有人从CNBC、雅虎财经（Yahoo Finance）、彭博社（Bloomberg）等财经电视网滚动屏幕上看到的数据。我们还为纳斯达克上市的金融产品（如纳斯达克100）指数授权。随着整体市场上交易型开放式基金（ETF）和指数型基金越发受到欢迎，这一业务蓬勃发展——在2003年到2005年的动荡期可谓老天的恩宠，它不是我们的核心业务，但很重要。如果没有这笔收入，纳斯达克就不会成功。我很快就确定这一业务是健康的，不需要投入太多时间和关注，我可以把精力放到更急迫的事情上。

纳斯达克的第二项收入源是上市业务。公司要付费，方可在纳斯达克公开上市。除了公司所缴年费，还有一笔与公司IPO相关的一次性费用。它不是最大的收入来源，但这些年费稳定、可以预测，投资者喜欢这种恒定收入，它也是我们的公众形象，我们的旗舰业务。事实上，从品牌的角度来看，上市业务就是纳斯达克。这不仅仅是钱的问题，它对我们的全球品牌至关重要。随便在大街上找个人问问他们对纳斯达克有什么样的了解，他们才不会长篇大论地谈什么交易量或交易技术呢，他们会提到谷歌、Facebook和微软。他们会向你讲起科技公司、开市钟、CNBC的《财经论坛》，或是最新、最热门的IPO。纳斯达克是个富有吸引力的品牌，而这就涉及每年赢得最出色的IPO公司，让我们现有的公司对纳斯达克的服务和形象感到满意。

不幸的是，互联网泡沫破灭后，上市业务严重受损。2003年，IPO的企业非常少。此外，我们的老对手纽交所正在积极地拉拢我们现有的上市公司。我有信心，假以时日，这条业务线自然会恢复从前的健康状态，只可惜现在我们没有时间。上市业务需要立刻得到关注，老实说，它就像是一个消耗资源的无底洞，我讨厌把时间花在这上面，它跟在转型中至关重要的高杠杆类活动恰恰相反。上市是一项不错的业务，但它的收入产出与精力投入度之比并不高。一轮成功上市，只代表一家客户，它无法扩展规模，而又需要密集的人手。这就是我所说的"人海生意"。不过，随着时间的推移，我将更深刻地理解上市对我们全球品牌的重要性，但就眼下而言，我还有更紧迫的任务要完成。

第三项收入来源才是我们的核心业务，也即股票交易。纳斯达克对在其系统上交易的股票收取每股交易费率。从收入的角度来看，这是最为重要的收入源，占当时我们总收入的40%。而且它陷入了麻烦。2003年，我们的交易收入下跌了20%。

这一业务正处在性命攸关的时候，但我知道需要用什么药。我非常了解这一行业，我受聘的一个重要原因就是要扭转纳斯达克在这一关键使命领域的命运。我就任时身负明确命令：投资技术，关注未来。虽然我不能控制整个市场的交易趋势，但我肯定有意在电子交易市场份额争夺战中重新站稳脚跟。我们需要创新、竞争、更好地为客户服务。交易是我能获得最大杠杆力量的领域。

每一家企业不光与竞争对手，也跟整个市场存在关系。在评估一条业务线为什么举步维艰时，必须考虑到以下几点：

·整个市场都处于低迷状态吗?

- 业务举步维艰是因为我们无法竞争吗？
- 市场在经历重大转变吗？

就纳斯达克的交易业务而言，上述三个问题的答案全都是肯定的。毫无疑问，整个市场仍然在艰难地从互联网泡沫破裂造成的冲击中恢复元气。2003年，整个行业的交易量下降，收入也随之萎缩。更雪上加霜的是，我们的市场份额正迅速地流失给各电子通信网络竞争对手（ECN），因此，我们在本就正处于萎缩的行业收入中所占的份额也在下降。但到目前为止，我们所面临的最重要的问题还是市场的重大转变：股票交易所发生的深刻变化。归根结底，我们的成败将取决于我们怎样应对这一挑战。一如思科前首席执行官、纳斯达克的老客户约翰·钱伯斯（John Chambers）所说，说到底，"你是在跟市场转变竞争，而不是在跟其他公司竞争。如果你没有集中精力弄清市场上正在发生些什么，那么，就算你时不时地打赢几场战役，也毫无意义……如果你误读了市场，并最终跟当前形势对着干，混乱很可能迅速令你陷入自我毁灭"。当然，跟任何上市公司的领导者一样，你必须公布每季度的收益，也就是说，你当然要行之有效地参与短期竞争。但从宏观角度来看，钱伯斯是对的：市场趋势能够决定一家企业的成败。如果市场趋势涉及技术创新，假装一切都会过去、事情会回归老样子，这么做毫无意义。

转型中的市场

　　和许多行业一样，技术正激烈地扰动着华尔街的交易方式。每一笔交易都受到影响，或即将受到影响。跟很多发现自己在市场技术转型中受到意外攻击的企业一样，纳斯达克对不断变化的环境反应迟缓。最初它十分谨慎地投入电子交易这一新兴世界，试图一边跟数字未来拥抱，一边还把一只脚留在传统交易商主导的旧世界。公司尝试听取客户意见，这很重要，但有时候，现有的客户会希望你保持不变。在一个处于混乱状态的市场里，你的客户基础有可能变化不定，因此，你很容易跟着老客户一起掉下悬崖。有时候，必须要开辟一条更独立的道路。据说，亨利·福特说过一句名言："如果我问人们想要什么，他们会说想要更快的马。"随着我的就职，是时候采取不同的方式了。

　　为了说明我所作所为（也即我采取了什么步骤让纳斯达克步入正轨，在此过程中我汲取了什么样的教训）的背景情况，我想简要地解释一下正在发生的市场转型，以及推动这一转型的客户需求的变化。我上任的前几年，纳斯达克基本上占据着纳斯达克上市股票100%的市场份额，也就是说，纳斯达克上市股票的交易完全由纳斯达克批准的交易商控制，并通过纳斯达克的系统处理，而到了我上任的时候，纳斯达克在我们上市股票买卖交易中所占的份额已经跌至13%或14%。电子革命对我们业务的影响之深达到了这种程度，电子通信网络为客户买卖纳斯达克股票提供了替代场所。所以，尽管这些股票仍然在纳斯达克市场上市，但我们对市场上交易的影响却越来越小。

为什么纳斯达克兵败如山倒呢？它未能提供任何股票市场都需要的两大关键要素：速度和流动性。简单地说，流动性就是能够相对容易地买卖（通常是因为股票交易量大）；流动性是一切股市的生命线。在股票交易中，价格很重要，但成交的确定性同样重要。这是基本的人性。如果我们做出了想要某样东西的决定，我们会要求得到立刻满足。想想看，假设你身为消费者，花了好几个小时思考要不要购买微软的股票——你权衡利弊，做了谨慎的研究，考察了他们的商业模式、过往记录、市场状况、管理团队，最后，你拿定了主意：我要买。用好价格买很重要，但这不是你唯一关心的地方。此时，你最不希望的就是慢慢等着订单执行，你现在就要！所以，如果一家交易商能向你保证他们的订单流足够多，能够让交易尽快完成，你往往会委托他们处理你的订单。这就像从杂货店买农产品一样，你更乐意去一家繁忙的市场，那里总是有充足的供应，你确信能得到自己想要的东西。

交易业务用"流动性吸引流动性"这个说法来描述上述动态。如果一家交易中介公司有着足够的买卖活动，那么，针对任意股票的任意交易一般都会有人做它的对家。自然，这创造出一种网络效应，吸引更多的人想要通过这家中介公司交易股票。

等待带来不确定性。由于市场持续波动，订单延迟可能会导致损失。客户寻求速度，速度意味着确定性，所以他们越来越多地选择使用ECN。我们不断地丧失市场份额和流动性，这反过来又让我们丧失更多的市场份额和流动性。如果说，流动性吸引流动性，反过来也成立。和纽交所相比，我们或许更快、更电子化，但在满足所有客户需求方面，我们步履迟缓，技术落后了整整一代。

各位读者想必记得，纳斯达克早在1971年就率先开创了电子市场，为小公司股票提供了一套实时中央报价系统。然而，它并没有完全消除人力因素。你可以在计算机屏幕上看到报价，但你仍然需要拿起电话，给经纳斯达克认可的交易商打电话才能完成交易。ECN则可自动执行最后一步。它们可以在一眨眼的工夫把你的要价跟其他人的出价匹配，彻底绕过了中间商、做市商和证券经纪人等传统角色。[1]ECN利用最新的技术，满足客户对速度和确定性的需求。纳斯达克试图建立自己的电子订单匹配系统（即俗称的SuperMontage）来跟ECN竞争。这朝着前进的方向迈了一步，但它试

---

1 这里的例外来自成交量较低的市场。因为这种市场几乎不可能同时出现买卖意向。交易量大的股票非常适合电子交易网络。但交易量低的股票一般流动性差，需要更多的人力协助才能有效运转。在这种情况下，中间商在促成交易方面发挥着关键作用。

图把针对交易商和新电子用户的功能都做进去，最终产品却落得两头不讨好。委员会设计了一匹马，成品却变成了一匹骆驼，它对纳斯达克的市场地位帮不上任何的忙。等到2002年它推出时，市场已经再次往前走了。和所有遭到创新颠覆的成熟业务一样，纳斯达克难于在传统交易商网络的利益和客户对最新技术的新需求之间找到平衡。

到我2003年上任的时候，市场份额急剧下降不光导致收入下降，还蕴含了事关存亡的风险。一些华尔街人士开始公开对纳斯达克的生存表示怀疑。没有流动性，交易所无法准确地履行自己的关键功能之一：市场定价。[1]任何一个交易场所聚集的买卖双方人数越多，股票的买卖价格也就越准确。没有交易量，各种各样的价格失真都有可能出现。

如果其他更活跃的交易场所能为纳斯达克上市股票承担起更准确的市场定价职能，我们在上市业务中还有什么优势可言？毕竟让这些股票在发生市场定价的交易所上市不是更合适吗？如果纳斯达克成为一种电子发布服务，显示主要在其他电子渠道交易的股票的

1　一个运转良好的股票市场不仅能促成股票的交易，还有助于确定其价格。如果你想知道任何资产的真实价格，最好的方法是竞价式的互动，让一群买家和卖家聚到同一个地方出价还价，直到最终出现一个压倒性的价格。然而，这类竞价依赖充足的交易量——必须要有足够的交易活动才能达到一个合理的价格。如果拍卖会上只有三个人，你永远得不到一个可靠的数字，股票也一样。

"最新价格"，那么，这项业务的根本相关性就会遭到质疑。我非常担心，要是市场份额下降的幅度足够大，它便有可能演变成大滑坡，加速我们在上市业务方面的麻烦，至少这种场面偶尔会让我夜半惊醒。在我脑海里，我能听到那些想要上市的公司的首席执行官发问说，如果你都不交易我的股票，我为什么要在你那里上市挂牌？

整顿我们的交易业务是一项重大任务，我知道，这不可能一蹴而就。我还知道，我必须立刻采取行动，增加我们的市场份额，赶紧止血。我们的确有一些竞争优势，包括我们的规模、人才、没有背负任何真正的债务、资产负债表上还有着数量合理的现金。要是这些现金慢慢在不赚钱的业务里消耗殆尽，它不会带给我们任何好处。我认定，短期的解决办法是利用这些资产，购买一些市场份额，也就是买下一家ECN来。于是，我到纳斯达克就职差不多一年之后，我们从SunGard Data（也就是我的前东家）手里收购了BRUT ECN。

我毫不怀疑，一位新上任的首席执行官提议收购他在前一家公司创建的技术，一定会有人扬起眉毛表示怀疑。董事会里一位非常重要的成员也直言不讳地表达了他的保留意见。当时，私募股权公司海尔曼-弗里德曼（Hellman and Friedman）持有纳斯达克相当大比例的股权，而该公司派驻纳斯达克的董事，从之前的沃伦·海尔曼变成了帕特·希利（Pat Healy）。随着时间的推移，希利将成为一位有着宝贵价值的顾问，我经常向他咨询纳斯达克的战略。但就那一段时间来说，我们在这一关键决策上的立场恰好相反。我听取了他合理的战略考量，但还是决定继续干下去。推翻他的反对意见是对我领导能力的一次早期考验。

BRUT是我任期内的第一项重大收购，它当然不会是最后一次。我们需要它的市场份额，就这么简单。我们的交易平台需要它，我们的上市公司需要它，我们的IPO业务需要它，我们的品牌需要它。坦率地说，我们的运势也需要它。

通过这次收购，纳斯达克还注入了新技术，尽管它仍不足以迎接我们面临的信息技术挑战。BRUT是一套很好的系统，有了它，我们得以在技术层面上提升了一级，但它并不是我们构建纳斯达克未来的基础。和很多ECN一样，它有点松松垮垮，但它只是一步，或许可以说，是很小的一步，而我的战略才刚刚开始，我知道下一步会迈得更大。

从守入攻

就在我努力思考怎样升级纳斯达克的技术，让它在产业转型中站到正确一边的时候，我们的运气来了：经济逐渐好转了。2004年，

IPO市场开始回暖。我们推出了一批新的上市公司，其中25家是国际公司，并有10家来自中国。最令人瞩目的是，谷歌成功地启动了具有里程碑意义的IPO，上市第一天就交易了2200万股。当时还没有太多人知道谷歌将对全球经济产生多大影响，但它已经成为一家估值270亿美元、潜力非凡的科技公司。此外，这是后互联网时代的第一次大型IPO。谷歌上市场所的争夺十分激烈。

我们赢下谷歌的上市是集体努力的成果。布鲁斯、阿迪娜和我花了很多时间争取谷歌的年轻创始人谢尔盖·布林（Sergey Brin）和拉里·佩奇（Larry Page），还有他们的首席执行官埃里克·施密特（Eric Schmidt）。当得知他们选择了纳斯达克的好消息时，我既兴奋，又松了一口气。

谷歌的IPO不仅是纳斯达克的里程碑，也是整个科技行业的里程碑。在互联网泡沫破灭后，硅谷经历了一段特别艰难的紧缩时期。但谷歌的IPO让人感觉冬天终于过去了，春天的嫩芽四处萌发。拉里·佩奇带领我们参观位于加州山景城的谷歌总部时，几年前的麻烦似乎都变成了过去的记忆。没有了过往失败的羁绊，新一代的创新家正在开辟前进的道路。

但我们还有工作要做。随着2000年到2003年的经济逆风逐渐转为顺风，我知道，现在必须要做好准备，好让纳斯达克随着经济的加速增长而繁荣发展。是时候采取行动了，不是为了变得更轻盈、更聪明、更精益，甚至更节俭，而是为了未来的增长自我定位。在削减成本的收缩背景下，很难有所创新和保持长远目光。如果一种文化专注于勤俭，下一件大事往往会在其他地方迸发出来。换句话说，我们不能只防守，我们也要在赛场上展开进攻。

Leadership Lessons
领导力经验

- **优化时间安排，把时间投入到收益最大、效果最好的地方。** 首席执行官的任务清单无穷无尽，但时间有限，所以，要选择那些能获得最大回报的活动。

- **你不可能把每件事都做好。** 有时人们认为，成功的关键是把工作做好，但还有两点对领导者来说同样重要：你要知道有些事你做不好，有些事你根本不必做。

- **冲向问题。** 无情地面对现实。克制本能的倾向，不去回避那些运转失灵的事情。

- **培养领导直觉。** 在经验、知识、数据和建议之间找到最适合你决策过程的配方。

- **不要低估市场的变化转型。** 为在短期取胜，你要能很好地跟市场上的其他玩家竞争；但为了长远的胜利，你必须在市场本身发生重大变化前抢先行动。

04

買下贏家

MARKET MOVER

LESSONS FROM A
DECADE OF CHANGE
AT NASDAQ

"如果你不能打败他们，那就把他们买下来。"
"纳斯达克同意收购BRUT ECN"

《华尔街日报》，2004年5月26日

"年轻人，你不明白，这不是承认失败。"长期担任SunGard公司首席执行官的吉姆·曼恩（Jim Mann）用慈父般的口吻对我说。那是在1999年，他刚告诉我，他打算收购一家开发了我们所需部分技术的公司。我对他的行动表示怀疑——难道我们就不能内部开发他打算收购的技术吗？

"你打算用来买下那家公司的费用，只要给我一小部分，我就能拿出我们自己的版本。"我说。

曼恩摇摇头，对我的创业自豪露出了一抹宽容的微笑。"买下赢家这一招很灵。"他解释说，一家成功的公司已经在竞争中击败了对手，并在市场上证明了自己，与此同时，其他十多家公司都失败了。没错，你收购的时候当然会额外花钱。但你节省了自己开发产品、建立客户基础、超越竞争对手所需要的时间和资源。除此之外，你押注在一家经过检验的企业上，大幅降低了失败的风险。

我把他的话牢牢记在了心上。当时我45岁，做过不少业务，要是有人叫我"年轻人"，我会满心欢喜。更重要的是，那天，我学到了日后将多次实践的一条重要经验——买下赢家。

在2003年到2004年期间评估纳斯达克的技术状况时，我又想起了曼恩的明智话语。我们能够在内部自行开发所需的技术吗？还是认真寻找合适的技术并买下来？要把纳斯达克变成市场引领者，不仅仅需要翻新轮胎和刷油漆，我们还需要完完整整地彻底检查交易技术这台发动机。我受聘之前就知道这一点。正因为如此，我向董事会提交的五步计划当中也包括要对技术进行全面升级。即便如此，掀开发动机盖看到的情形还是让我大吃一惊。纳斯达克使用的是一套老旧的大型主机系统，而竞争对手们使用的是速度更快、更灵活、价格更低的UNIX系统，有些对手甚至使用英特尔和微软的平台。我们有自己原生的专有业务模式，但我们周围的行业已经变得更加开源，并鼓励一种我们内部文化所陌生的迭代做法。如果一套电子通信网络执行命令时出现问题，他们只需调整并重启，系统就恢复正常了——没有伤害，没有错误。和现代软件一样，电子通信网络也在不断更新和升级，有时甚至达到一天一次，而纳斯达克却没有这样的灵活性。如果我们宕机了，哪怕只是一瞬间，这事儿也会立刻登上《华尔街日报》的头版。我们的工程师差不多每年升级一次系统。没错，我们的平台可靠，远比我们的全新竞争对手们可靠。2003年，我们的交易系统正常运行时间超过99.99%。放在不同的时间和地点，这种可靠性会给我们带来明显的优势。可在如今的环境下，它开始显得像是沉重的负担。它让我们失去了至关重要的适应性，创新无法蓬勃发展，于是，我们的演变速度不够快。现在，是时候让纳斯达克的技术进入新时代了。

我懂得电子交易背后的技术，也有从头开始构架一套电子交易网络的第一手经验。2003年，我在评估纳斯达克当前技术状态时，仔细评估了组织已经投入了海量时间与资源开发的系统SuperMontage。我们能不能把它变成一个承载纳斯达克未来的平台？不管我怎么努力朝这个方向想，我始终做不到。到2004年，我们开始升级现有交易系统来配合新的监管规则，跟现有的电子交易网络在功能性上保持竞争力。我们正在转向更灵活、更动态的架构，我们的平均更新速度，从一年一次提高到了一个月一次（如有必要，甚至比这更短）。我们的首席信息官史蒂夫·朗迪奇（Steve Randich）正将我们的信息技术部门转变为不光重视稳定性和可靠性，也重视动态和响应能力的机构。BRUT帮我们稳定了市场份额。但我知道，这些变化还不足以解决我们的根本问题。面对一台旨在适应不同时代需求而设计的技术发动机，我们不能光知道踩油门。

从现实角度来说，我们有两个选项。选项一是我们跟欧洲纳斯达克分公司合作开发的一种新技术，以微软平台为基础，有潜力，但未经验证。它有成为纳斯达克下一代系统架构的潜力。但我有些迟疑。它不是为商用规模设计的，我不太相信它能轻易迈上这一层面。速度对市场至关重要。整合出一套系统的前景，让我感觉略有不安，因为不管潜力有多大，它始终未经过大规模检验，注定会遭遇成长之痛。我们没有太多失误的余地。我们要不惜一切代价，避免花太多时间开发一套不稳定的系统，或是把一套未经检验的系统匆忙带进市场。更何况，以前我在UNIX平台上做过系统构建工作，我知道这种计算生态系统的可靠性。我愿意追求新技术，但我个人更偏爱第二个选项。

选项二是什么呢？简单地说，就是把别人买下来。不是随随便便买一家，而是把最好的买下来，把赢家买下来。在我看来，电子通信网络的赢家是谁已经很清楚了——是INET（前Island ECN）。尤其是从技术角度来看，我对INET向往已久。它强健、成熟，在规模上经过了检验。它的真正天才之处在于它结构极为简单，这通常是最优软件架构的标志。它简洁、高效，而且由于其现成的硬件和开源的软件，它的运行成本比许多竞争对手都要低。此外，它还拥有最大的市场份额。

为理解INET何以赢得了这么好的声誉，以及为什么我把它挑了出来，我们不妨来看看它神奇的起源故事。这是一个了不起的传说——几个动力极强的外行人立志要用信息革命的新技术破坏华尔街的既定交易版图（并在这个过程中赚了很多钱）。顺便说一句，在我入职纳斯达克的十多年前，我碰巧在这个故事的一个章节里短暂露过一面，地点出人意料——史坦顿岛的一间地下办公室。

恶棍交易员之岛

20世纪90年代初，GPS导航系统和无所不在的移动电话还没出现之前，我在史坦顿岛迷路了。我不太熟悉这个区，和大多数纽约人一样，我只开车途经此处。虽说史坦顿岛和华尔街高耸的天际线只隔了一趟很短的渡轮，但从文化上来看，说两者相隔千里也不夸张。它是许多爱尔兰和意大利工人阶级的家园，有着全纽约最多的持枪客，而且，到了这两年，这里以支持特朗普的选民为多数。有些读者大概还记得，梅兰妮·格里菲斯（Melanie Griffith）在电影《上班女郎》（*Working Girl*）中扮演的那位生气勃勃的角色也住在这里。当我匆匆忙忙地走过一栋栋一模一样的排屋，寻找正确的地址时，我想起了这部电影。我是个来自皇后区的蓝领工人子弟，本以为会有一种回到家乡的感觉。但史坦顿岛难以模仿的个性却让人没法进行这样肤浅的比较。

ASC的创始人卡尔·拉格拉撒（Carl LaGrassa）让我到那里去找一家交易机构。ASC从事用后台软件结算交易的业务。大多数客户规模都很小，每天只有十来笔交易，但突然之间，一位客户的交易量大幅猛增。"去史坦顿岛上看看是怎么回事。"卡尔说。我原本已经放弃了找到它位置的希望，可当我转过一个拐角，却看见那儿并排停着几辆闪闪发光的豪车：一辆保时捷、一辆奔驰、一辆宝马。至少我可以说，这幅画面跟周围格格不入。在当时，在那个街区，这就像是看到一头独角兽拴在路边。我知道自己找到了地方。

史坦顿岛上那幢简朴住宅的地下室就是谢利·马什勒（Shelly Maschler）的经营场所。那是我第一次见到马什勒，当然不会是最后一次。他是个迷人的家伙——一个闹哄哄的大块头，很有头脑，也很爱吹牛，有点像喜剧演员罗德尼·丹格菲尔德（Rodney Dangerfield），只是个性更强，脏话连篇。未来几年，马什勒将成为华尔街的传奇人物，他开创了各种交易计划，赚到了数百万美元，不少交易计划激怒了金融当局。他们游走在监管的边缘，甚至完全无视监管。几年后，马什勒在史坦顿岛上的小公司"达泰克证券公司"（Datek Securities）变成"达泰克在线"（Datek Online），这是最早的超短线当日交易公司之一，到2002年，它以10亿多美元的价格卖给德美利证券（TD Ameritrade）。

马什勒对华尔街产生了巨大的影响（哪怕这影响存在争议）。他扮演了一个初来乍到跟精英们战斗的外行小人物的角色，他运用激进的策略，帮忙引领华尔街的交易实践进入自动化的高速时代。但他最大的影响或许是帮助我认识到乔什·莱文（Josh Levine）的才华，并启动了后者的事业生涯。我认识莱文，就是在那一天，在他的办公室。

莱文是个才华横溢、满怀理想主义色彩的计算机程序员，高中毕业没几年，他就得到了一份咨询工作，跟马什勒及其小型交易员团队共事。一开始，莱文是个负责技术事宜的勤杂工——一个充满热情的孩子，仍然在学习交易的细节，尝试运用各种技术改进帮马什勒的团队获得优势。然而，几年后整个行业会发现，莱文还有更远大的目标。他相信计算机可以改变世界，甚至为跟华尔街竞争铺垫公平的赛场。

在我们见面的时候，莱文正在帮助达泰克公司利用小型订单执行系统（Small Order Execution System，简称SOES）。这是一套早期的计算机订单系统，可以自动处理小型投资者订单的规则变化。SOES是为应对1987年臭名昭著的"黑色星期一"股灾而设计的。许多小投资人都对股市暴跌时纳斯达克的中介商不回自己的电话而大动肝火。从中介商的角度来看，那天的交易有着空前的规模，电话线路繁忙得叫人应接不暇，根本没法接听每一次来电。说到底，电话是一种无法扩展的技术。不管到底是什么原因，结果都给小投资者带来了灾难。新的规则就是为了保护他们而制定的。小型订单执行系统会根据做市商的最新报价（最高1000股）自动为小投资者完成订单。

与许多看似无关痛痒的规则变化一样，小型订单执行系统规则为乐意靠它为自己谋利（同时无视规则的本意）的精明交易员创造了新的机会。马什勒就是这类"交易恶棍"里最突出的一个。考虑到任何做市商都同时操办着多只纳斯达克股票，并在计算机终端上手动输入自己发布的股票报价，因此，随时更新每只股票的小幅变化往往非常困难。在任何一个特定的时刻，两名中介商可能会发布不同的报价，特别是对那些正在交易的股票。当然，这些差异很小，但对机灵的交易员来说已经足够。一名中介对微软发布的报价可能是25.75美元，而另一名中介发布的或许是26美元。坐在史坦顿岛的地下室里，马什勒（或者他手下的任意一名交易员）可以从第一家中介手里买进，然后瞬间卖给另一名中介，从中赚取差价。单笔交易大概只能赚上10块，最多几百块钱，但每天多次重复的话，用不了多久就能狠狠赚上一笔了。

以当代的任何标准来看，它在技术上并不成熟。但如果对方手无寸铁，哪怕最简单的武器也能取胜。不久，莱文想出了一种让上述交易过程自动化的方法——这是一套计算机交易系统，它会自行谨慎筛选出最佳交易机会（并起了个恰如其分的名字"哨兵"，Watcher）。在马什勒手下的另一名年轻交易员杰夫·希特伦（Jeff Citron）的帮助下，另一种算法迅速跟进，莱文的名声传播开来。我到他们位于史坦顿岛的办公室参观那天，他们向我展示了这套系统。看着算法跟踪纳斯达克股票里的"上涨股"和"下跌股"，我突然很好奇他们是从哪里弄到这些实时涨跌信息的。这栋住宅并不像曼哈顿交易柜台那样到处布满电话线，那是在移动电话、高速宽带出现很早之前，就连拨号上网还都没有。我正在思索着这件看起来挺神奇的事情，马什勒把我领到外面，指着屋顶，那里架着一口摇摇欲坠的卫星接收天线盘。

"瞧瞧我们的数据传送专线。"在这寂静的街区里，这是另一个反常现象。

"邻居们一定认为你在和外星人通信。"我半开玩笑地说。

依靠这台创新装置，莱文、希特伦和马什勒让人们注意到，聪明地运用新技术可以给精明（有时甚至是无良）的交易员带来优势，提高其交易速度，增加其获取信息的途径。没多久，各种山寨模仿策略就将充斥华尔街（尽管它们在技术上越发复杂）。

不出所料，老牌机构对这样的发展感到不满。小型订单执行系统的设计初衷是帮助券商代表小型散户投资人（也就是遍布全国、打电话下单的家庭投资者）行事，而不是让精力充沛、动力超强、追求速度和套利的短线操盘手借机发财。（交易恶棍们在多大程度上能合理地代表投资者，这经常成为人们争论的焦点。）做市商尽其所能地对其加以审查。小型订单执行系统交易员和做市商之间展开了一场技术与监管的军备竞赛，前者想为自己谋取优势，后者想要捍卫自家的地盘。达泰克证券屡遭罚款。马什勒和他的年轻伙伴们把自己看作坚毅不屈的大卫，正跟那些不希望世界发生改变的巨人歌利亚式老顽固网络展开较量。马什勒等人似乎并不太在乎在这个过程中偶尔歪曲甚至破坏一下规则。不必说，纳斯达克的做市商对此有不同的看法。

最终，监管确实随着这些交易策略发生了演变，但技术精灵已经从瓶子里逃出来，闯入了华尔街。交易变得更快、更自动化、更民主、更容易接入，信息也更透明。或许这一切都是必然会发生的，毕竟，借用莱文所代表的新兴计算机黑客文化爱说的一句话——信息渴望自由〔顺便提一下，这句话可以追溯到个人计算机运动的创始人之一斯图尔特·布兰德（Stewart Brand），而布兰德又曾经跟肯·克西搭乘过同一辆大巴车穿越美国〕。

日后，马什勒将把达泰克证券公司变现，自己带走数百万美元，但他同时也收到了来自美国证监会开出的史上规模最大的一笔罚款，还被禁止涉足证券行业。杰夫·希特伦将开办新公司，继续跟莱文合作，在彻底告别华尔街（他跟马什勒一同被封杀）之前，帮忙创办了电信公司沃内奇（Vonage）。但在这个故事里，注定要跟我和纳斯达克再度交叉的部分来自莱文。

我们第一次见面之后，过了几年，这位年轻的天才将他在自动化交易领域的最初努力有效地发展为新的雄心壮志——建立一个买卖双方可以直接对接的虚拟市场，不再需要中间人。他构思了一种电子交易所，能够高效、即时、透明地匹配纳斯达克的交易。他梦想的最高峰是搭建平台，让市场所有的交易员，不管是来自密尔沃基还是来自曼哈顿，都处于平等地位——有点像是一座受保护的虚拟"岛屿"。他在另一间地下室，依靠LinuxOS（一种开源的UNIX操作系统），在戴尔个人计算机上开发出了Island ECN（岛屿电子通信网络）。服务器放在木质托架上，免受洪水侵袭（这也是该系统得名为"岛屿"的另一个原因）。

　　回过头去看，世界上许多伟大的技术突破似乎都简单直白，看似注定要出现。这是创新所造成的部分错觉。以倒视视角来叙事，很容易将空白的地方填补起来。我们兴许会想，所有的零件都已经出现了，它是市场的自然演变。是的，这可能是真的，但只有事后来看才是如此。只有天才才能把所有的零件以新的方式组合起来。想想史蒂夫·乔布斯和iPod，或是蒂姆·伯纳斯·李（Tim Berners-Lee）和万维网（World Wide Web）。也许迟早会有人创造出这样的突破。但此前没人做到过，直到他们横空出世。

　　史蒂文·约翰逊（Steven Johnson）在《伟大创意的诞生》（*Where Good Ideas Come From*）一书中提出，与其说创造性的天才是戏剧性的发明飞跃，倒不如说他们是能够富有创意地把许多小点子新颖地融合到一起。莱文的Island ECN就是后者。交易自动化、分布式计算能力、近乎普遍的网络接入、长达十年的牛市、可以与大型机竞争的廉价英特尔基础硬件、开源版本的UNIX（Linux）……所有这些元素以创造性的方式，恰如其分地融合到了一起。莱文设计的ECN以Linux为内核，故此可靠；它可以运行在分布式的英特尔服务器上，因此廉价且可扩展；它的编码很简单，故此运行速度很快；莱文了解市场结构的基础原理，故此程序编写得十分简洁；他懂得交易，故此Island的功能集专门为进入市场的新一波交易员而设计。这是交易技术不可避免的演变吗？或许吧。但其他所有人都做得不如他精彩出色。

Island ECN迅速发展。它成了20世纪90年代中期电子交易员进入市场的首选平台。到这十年结束的时候，Island已经确立起市场重要参与者的地位，莱文的名气也随之大涨。那个时代的风云人物杨志远（雅虎创始人），如同朝圣般去参观了莱文设在纽约的新办事处，考察这套系统。一支极具才干的技术团队，围绕莱文和他的创作组建起来，包括我未来的工作伙伴克里斯·康坎农。1999年，《连线》（*Wired*）杂志发表了一篇热情洋溢的文章赞美莱文："忘掉纳斯达克吧，Island ECN正在撕碎华尔街。"

几年后，在一次奇怪而又单纯的命运转折中，正是莱文精心设计的天才般简洁的ECN（也就是现在称为INET的东西），将纳斯达克从低谷中拯救出来。回想起我们第一次见面时，马什勒嚼着雪茄，趾高气扬地对自己年轻的助手发号施令，我怎么也料不到日后的事情竟然会有这样的反转。当时谁知道那间地下办公室里正孕育着一位改变市场的天才呢？

不过，或许这也并没有什么好奇怪的。尤其是在受技术影响的行业，企业领导者应该始终关注局外人士，时刻注意发生在你业务生态系统前沿的新想法、新产品和新技术，在这些前沿阵地，局外人正在车库和地下室里为你的未来描绘一幅不同的图景。当然，你必须区分疯子和疯狂的创作天才，但关注一下今天的局外人对未来的计划总是明智的——或许有一天，他们会是对的。

如今，华尔街的交易系统里到处都是莱文留下的指纹。2017年，我接任了沃图金融（Virtu Financial）的董事长职位，该公司的计算机深深嵌入在华尔街的业务当中。我问起他们的IT系统。有那么一刻，一名工程师坦白地告诉我："呃，你知道，它的运行基本上很像纳斯达克的INET。"此外，纳斯达克还把基于INETIP的交易技术卖给了全球一百多家交易所。换句话说，我跟莱文见面25年以后，他的手艺活儿遍布全世界的电子市场。

必要的冒险

2005年4月，纳斯达克收购了INET的母公司极讯。在我担任CEO期间进行的45次收购中，每一次收购的对象都精挑细选，只有这一次例外——它是势所必然。如若不然，我感觉我们要承受制度性风险。毕竟，如果纳斯达克不能自称是股票交易的全球引领者，那它还算是什么呢？如果我们都不能在自己的上市股票中占到市场交易的优势份额，那我们开展上市业务要做什么呢？如果我们在技术上都无法保持市场领先，科技行业以纳斯达克作为首选股市的日子还能维持多久？

这场收购并不便宜。我们不得不承担9.55亿美元的新债务，这使得纳斯达克进入了高杠杆状态。当时，我们的债券其实属于垃圾级别。这固然是经过了计算的风险，但不管怎么说，风险始终是风险。如果收购INET后的几个月遭遇经济大衰退，我们可能会陷入困境。幸运的是，这一回，我们有时间让公司恢复合理的财务稳健状态。

私募股权公司海尔曼–弗里德曼以及银湖资本（Silver Lake Partners）为这笔交易提供了大部分资金。这笔交易并不简单——极讯有好几家子公司，其中一家机构经纪公司我们并不想要，便答应把它卖给银湖资本，也就是说，我们要在同一时间完成多笔交易。这场马拉松谈判，在纳斯达克的一边，由阿迪娜·弗里德曼负责。

阿迪娜在这笔交易中付出了难以置信的努力，她是个顽强而又聪明的谈判专家。这一回，她为自己塑造了这样的形象，赢得了大家的认可，在纳斯达克未来的收购交易中，她还将多次扮演这一角色。

来自银湖的代表迈克·宾格尔（Mike Bingle）是位强硬的对手。他和阿迪娜就交易所涉及的各类问题争论不休，谈判陷入胶着状态。或许，这只是因为他们都是聪明而强势的谈判专家，但我开始担心我们的动作不够快。在这样的谈判中，长时间的消耗和睡眠不足对厘清思路没有任何帮助。人们变得不那么理性，更易怒。我看着时间嘀嗒嘀嗒地流逝，我方团队的能量逐渐减弱，开始担心事情会分崩离析。

做交易，你有时需要来上一轮重启。为了让项目重新启动，我打电话给银湖资本的联合创始人格伦·哈金斯（Glenn Hutchins）。我对他说："哈金斯，你必须亲自来一趟，否则这事办不成。"哈金斯来了，休息得很好，做好了推动项目进展的准备。他和我直接谈判。此时，面对第二轮通宵会议，我已经筋疲力尽，但我决心把这笔交易带过终点线。我们来来回回，试图降服这桩涉及多方利益相关者的复杂交易，在这个过程中，哈金斯和我逐渐惺惺相惜。实际上，我们在激烈的谈判之战中产生了化学反应，结下了真正的友谊。日后，哈金斯在纳斯达克的董事会任职，最终我们展开了合作。在这场大戏的最后一幕，我们在会议室的一张餐巾纸上草拟了最后一系列的协议。经过两天两夜不间断的谈判，人人都很高兴（也很疲惫），纳斯达克拿下了自己的奖品。

平衡之举

接下来的一年里，我们把SuperMontage匹配引擎、BRUT匹配引擎和INET匹配引擎整合为一套集成系统：用一个平台统筹管理它们。这是一项艰巨的任务，涉及重要的新功能。比方说，我们必须编写新的代码来处理市场的开市和收市竞价——这些流程在技术上都很棘手，必须处理得当。在融入纳斯达克之前，BRUT或Island完全不需要担心这类事情。

来自INET的团队有一种独特的文化——反叛和理想主义。毕竟，他们开发Island ECN是为了反抗华尔街帝国——让人人都可民主地入场交易，人人都站在平等的基础上进行交易。如今，他们成了帝国的一部分，但他们仍然保留着之前那些反权威、反等级制度、不追随主流的文化倾向。只有牛仔裤和凉鞋，没有外套和领带。一半是企业文化，一半是黑客文化。毫无疑问，这支团队拥有真正的天赋，以及与之相匹配的态度。他们拥有年轻人的旺盛精力，专注自己的创造潜力，而不是担心会惹出什么乱子来。他们不想屈从任何传统的、缄口不言的公司监管。正常而言，我认为应该在整个组织内建立一致的文化，但我觉得时机还不够成熟，所以，经过深思熟虑，我做了妥协。有时你必须打破自己的规矩。

没过多久，我就因为这个决定失去了纳斯达克的首席信息官。他与新来的团队发生了冲突，他大概知道这种文化不适合自己。我尊重他的决定，他去别的地方找到了很好的机会。这件事提醒我，在这个时候合适的人，换个时机恐怕就不见得仍然合适了。于是，我把安娜·尤因（Anna Ewing）晋升为首席信息官，任命我们新聘请的工程师乔纳森·罗斯（Jonathan Ross）负责新交易平台的开发工作。

乔纳森很有才华，对股票市场的内部运作有着深刻的认识，跟许多非常能干的工程师一样，他喜欢建造东西，编写了不起的代码。他有点牛仔的态度，但毫无疑问，他是这份工作的最佳人选。安娜运用娴熟的技巧协调所有的文化和性格冲突，并成为一位值得信赖的同事。此后的十年，她一直担任纳斯达克的首席信息官。

最终，文化冲突并没有带来太大的问题。说到底，INET的员工们做着了不起的事情。如果他们想穿便装去办公室，并抵制某些运营结构，我有什么可介意的呢？他们拿出成绩来了吗？答案是一声响亮的"是"。

这支团队运转得几乎像是一家创业公司，这就是说，我们给了工程师不同寻常的自由，让他们再造我们的交易系统。他们控制了整个流程的大多数方面——自行保证质量，判断代码什么时候进入生产环节。我们没有采用更传统生产环境下的诸多制衡机制。我想把纳斯达克的信息技术部门，从奉行以大型机为导向、适应缓慢、可靠的老式非营利工作文化，再造为快速迭代、技术第一、信任工程师的创业企业工作文化，而后一种文化，在这一时期到来之前，从未完全实现过。在任何信息科技组织，彻底的效率和谨慎的监督之间、工程与运营之间、速度与市场及质量控制之间都存在权衡取舍。在这次的生产过程中，我们偏向了这两种倾向里的前一种。按照我们的估计，眼下纳斯达克面临的生存挑战需要采取这种方法。我们尝试在自动化交易功能这一新领域里生存下来，迎头赶上。每一次发布周期似乎都能决定我们的成败，而市场反应速度至关重要。

今天，我们听到很多关于创业文化的"快速失败"精神。"快速行动、打破常规"是Facebook早期的非官方座右铭。核心的想法是不要因为分析而陷入瘫痪，要尽快进入市场，这样，你就可以获得反馈，接着根据需要快速迭代和修改。对创业公司来说，这合情合理。在那样的环境下，工程师说了算。运营方面的监管要最小，速度就是一切。但对纳斯达克这样的老牌企业来说，它的系统受到高度监管，系统内的计算机又是整个股票市场的核心，于是事情就没这么简单了。我们还有其他责任。我们必须可靠。正常上线运行时必须接近完美。因此，当我试图重塑我们的文化，让它变得更灵活、更迅速地创新、更快地进入市场时，我还必须保证我们在新旧世界里各有一只脚。我们不能放弃原先的保守主义根基。这就像同时骑着两匹马，却并不使用挽具让它们朝着同一个方向前进。随着时间的推移，我们会收起自己创业那一面的缰绳，重新建立起更保守的运营监督。但就此刻而言，这是个不平衡的局面。

如今回想起来，我仍然对这支团队取得的成绩感到惊讶。他们的生产力突破天际。在任何正常的生产环境中，整合两套独立的匹配引擎至少要用两年时间，而我们一年就整合了三套。他们在信息技术方面实现的进步前所未有，说不定也正是他们拯救了纳斯达克。到2007年，通过收购极讯，我们不仅在协同方面节省了大量资金，还建立起一套真正领先整个行业的交易平台。坦白说，这套交易平台至今仍然领先。我一直确信INET拥有纳斯达克必须收购的合适技术。而在这时候（未来还将出现一些时候），我的信念得到了验证。"买下赢家"策略奏效了。虽然收购成本很高，纳斯达克承担了很大的杠杆率，但这最终无非是为实现长期业务增长付出的小小代价而已。在技术上跌跌撞撞多年之后，纳斯达克终于找对了方向。我们拥有了血统最好的交易平台和与之相匹配的最优秀的技术团队。

同时驾驭两匹马的代价，很久以后才降临。在商业中，每一个决定都伴随着不可避免的权衡，在生活里也一样。说到战略，背景和时机最为关键。我们置身绝望处境，面对敏感而有才能的工程团队，我对他们采取不干涉态度，这是帮助他们实现成功的必要条件。我指的不仅仅是着装要求。我允许他们对技术世界的黑箱保持部分不透明，允许他们抵制传统的运营管理形式。毫无疑问，这也是他们工作效率超级高的部分原因。然而，这也意味着我们无法清晰地看到技术的所有支线发展。在现实世界里，没有万无一失的审查程序。他们出色的工作将为我们带来丰厚的回报，并在未来岁月为纳斯达克的交易平台提供动力。2007年，一切都积极向上。负面影响尚未出现。遗憾的是，它将在历史上最声势浩大的一次IPO活动（也就是另一家以非正统"黑客"文化著名的公司Facebook）中浮出水面。

从地下室到董事会

颠覆性创新以反文化的面貌出现。和许多叛乱一样，电子交易革命从边缘地带开始——由圈外人培育，由计算机工程师建设，由全国各地成群的投资者间接资助，他们希望通过更直接的途径来分享经济繁荣所创造的财富。这些新崛起的势力先是遭到忽视、抵制、恐惧、驱逐，最终却得到接纳，变为盟友。仅仅几年光景，ECN就从华尔街的地下室打入了最著名的董事局会议室。这一路上，它们对华尔街那些孤芳自赏的圈内人俱乐部造成了致命的打击。在这些俱乐部里，抽雪茄的男人们聚集在铺着实木地板、摆满皮椅的房间里，一边喝着干邑白兰地，一边数着票子，讨论当天的赢家和输家（至少，在好莱坞电影里是这样）。这样的时代终结了。

就在我们收购乔什·莱文创办的INET之后没多久，我跟他坐在纳斯达克总部共进晚餐，我回想起这趟奇迹之旅。INET虽然生命短暂，却走过了很长一段路。曾经反对建制的电子通信网络，现在成了我们建制交易所的一部分，而我们开始将自己的交易平台融合到它的技术当中。克里斯·康坎农邀请莱文来一起庆祝这次收购。身为Island的年轻企业家和高管，他们大概梦想过有一天，用电子通信网络击败纳斯达克，从老牌做市商手里夺回控制权，用自己的创作重塑华尔街交易。从某种意义上说，这一天已经到来，尽管不一定完全跟他们的预想一样。

莱文穿着平常的T恤和牛仔裤，在这样的场合显得有些不协调。但他本人是个令人愉快的用餐伙伴。他是个谦逊低调的人，总爱避开聚光灯。如今，他已经对市场失去兴趣，转向了替代能源的新领域。或许，他觉得自己对华尔街技术革命的贡献已经完成了。

新一代精英阶层正在崛起——定量分析师、程序员和工程师，这些人更容易出现在聊天室和数据中心，而不是天花板高高的男性俱乐部。华尔街正慢慢地按照数字一代的形象重塑。我从这场革命最早期燃亮星星之火时就在观察它，还帮忙把旧世界的卫兵劝诱到了新世界。我深信，这些变化大多是好的，但和所有创新一样，它们的到来充满了颠覆性，并蕴含了一些新的可怕危险，为监管提出了挑战。这一切，未来几年里将变得明显起来。

Leadership Lessons
领导力经验

· **买下赢家**。利用明智的收购获得急需的市场份额或技术，这没有什么好丢脸的，哪怕从短期来看，你支付了额外的溢价。

· **有时候，你必须打破自己的规则**。优秀的领导者可以根据情况灵活应变，哪怕他知道这需要权衡取舍，今天正确的事情，到了明天不一定仍然是对的。

· **今天的局外人是明天的当权派**。不要忽视那些处于你商业生态系统边缘的人，他们可能正创造着你的未来。

05

—–∕∿∿–—

从苹果到Zillow

MARKET
MOVER

LESSONS FROM A
DECADE OF CHANGE
AT NASDAQ

"纽约证券交易所的6只大股加入纳斯达克。"

CNN财经频道，2004年1月12日

在ASC创业期间，我做过销售工作（跟所有小公司一样，外加人力资源、会计、产品管理、烹饪和洗瓶子等工作）。那是20世纪90年代初，身为公司的公众形象代表，我经常拜访潜在客户、做演示、搞宣传。我曾到对冲基金D. E. Shaw公司做过一次特别难忘的拜访销售，当时他们相对较新，专注使用前沿计算技术。我听说他们已涉足做市业务，便打电话给他们的一位主管，说我想过来演示一下我们的系统。尽管用的是当时最先进的设备（20英寸阴极射线技术），但它仍然需要用到好几口相当大的箱子。我把设备抱进曼哈顿中城区一栋大厦的电梯，用小车推入要做演示的房间。在这间狭小简陋的办公室，我开始挣扎着把设备架设起来。我组装演示台，时不时地撞到墙上，被电线绊个趔趄。这时，一个叫杰夫的家伙让我停下来。

"给我解释一下它是怎么运作的就行，我只需要这个。"他说。我认为这是个职业错误。客户通常需要真真切切地看到我们的软件运行起来。但他坚持自己的看法，迫不得已之下，我答应做口头演示。我竭尽全力地想要生动展示显示器会怎么显示，怎样操作。我沉浸在自己的努力中，过了几分钟，我才意识到，潜在客户已经靠在椅背上闭起了眼睛。希望他没睡着！我想着。有那么一会儿，我感觉，这一次的拜访销售真是糟透了。

然而，我很快意识到，他并没有睡着，他是在听。他听得全神贯注，并沉浸在自己的视觉想象里。在某个想象的领域，他正通过我的口头描述构建软件演示，在他自己的精神世界里预想着我们的系统。随着我介绍整个流程，他跟上了我的每一个字。等我介绍完毕，他仿佛已经自己把演示系统建造起来了。他比大多数客户都更好地理解了软件的界面和复杂之处。最终，我没有做成这笔买卖，但我还是学到了重要的一课。有时候，你并不知道自己在跟谁说话——或者，更确切地说，你不知道他们日后会变成什么人。那一天，我认识的是杰夫·贝佐斯（Jeff Bezos）。我可以证明他是个有远见卓识、有想象力的人。

我还将在其他一些场合碰到创办亚马逊之前的贝佐斯。1997年，亚马逊公司在纳斯达克上市，为大约4.4亿的总市值融资5400万美元。对亚马逊等数字领域的全新颠覆者来说，纳斯达克是20世纪90年代融资的首选渠道。事实上，在当时，纽交所并不接受初创公司。他们认为自己是老牌企业的股票市场，并期待所有重要的全国性企业一旦达到一定规模，都转到纽交所上市。我加入纳斯达克时，纽交所的首席执行官迪克·格拉索（Dick Grasso）曾夸口称，他为微软和英特尔保留了著名的单字母代码M和I，盼着它们有一天背叛纳斯达克，投入纽交所门下。但这种事情并没有发生。纳斯达克培育了整整一代的年轻科技公司，并赢得了它们的忠诚。毕竟，在一个完全没有其他重要资金来源的时代，纳斯达克在公开市场上为它们提供了关键的资金。那时候，还远远没有充斥着资金的风险投资市场。纳斯达克的前辈们小心翼翼地走在一条微妙的钢丝上——一方面，接纳有潜力的初创企业；另一方面，也将上市标准保持在足够高的水平，以赢得投资者的信任。我对这种做法十分欣赏。

结果，随着时间的推移，形成了一种全国性双寡头博弈的局面。大多数国家只有一家主要的证券交易所，为本国公司提供上市服务。巴黎有一家，伦敦有一家，马德里有一家，东京有一家，还有一家在悉尼。美国则有两家：纳斯达克和纽约证券交易所。这不可避免地导致了激烈的竞争。想想可口可乐和百事可乐、空客和波音、安卓和iOS。

我知道，长期来看，我们最大的竞争优势要通过技术改变交易业务来实现，但我也不能忽视跟纽交所正面交锋的另一项业务：上市。我的客户关系团队不允许我对此置之不理。"格拉索在拉拢我们的客户。"在我上任最初的几个星期和几个月里，他们不停地对我这么说。这意味着纽交所的首席执行官正在我们旗下的上市公司耳朵边嘀咕，向它们提供各种诱惑，怂恿它们把业务转到他的交易所去。

格拉索是从基层职员一步步爬上来的难缠对手，他精明强悍，在华尔街有着令人敬畏的名声。我尊重格拉索的工作理念，知道他不容低估。他当然不会因为纳斯达克正在经历痛苦的重组，就放我们一马。他不停地打电话——一个似乎无处不在的幕后竞争对手，努力说服纳斯达克的上市公司转投纽交所旗下。在这个过程中，他逼得我在上市业务上投入了远超我事前预计的时间（有趣的是，几个月之后，他离开了，我的生活轻松多了）。因此，身为首席执行官，我又开始做销售工作——努力吸引新一代科技初创公司选择纳斯达克作为它们的家，让我们现有的客户满意，以免它们到其他地方去上市。

做生意的人际方面

说到建立在人际关系基础上的生意，你永远不能把任何事情视为理所当然。在我担任这份工作之前，我跟纳斯达克全球指数集团的长期执行副总裁约翰·雅各布斯进行过一场谈话。我问他："有关纳斯达克，有哪些我现在还不知道但又必须知道的事情呢？我对这份工作还有什么不明白的地方？"他的回答很有先见之明："我知道你对交易业务有着深刻的认识。你有着丰富的技术经验，有良好的销售和运营背景，但上市业务是另一种生物，它的情感成分会让你大吃一惊。公司选择在纳斯达克还是纽交所上市，并不完全出于理性或财务方面的原因。你日后会经常跟公司首席执行官和创始人打交道，要应对他们的骄傲、自负、人生抱负和对自己遗产的担忧。纳斯达克或许比纽交所更便宜，能够提供更好的一揽子服务。但光凭这一点很难赢得胜利。"

我一次又一次地发现，雅各布斯是对的。公司出于各种各样的理由选择纳斯达克而不是纽交所，反之亦然，这不仅仅跟财务账目有关系。上市业务棘手（也有趣）的地方在于，我们的客户是一些世界上最大企业的创办人和领导者。在领导上市业务的过程中，我必须直接跟这些偶像级人物打交道，试着弄清什么能打动他们的心弦。而这，常常出乎我的意料。

没错，有些首席执行官极端理性："有哪些东西是你能给而纽交所不能给我的？好处是什么？"他们想要弄个明白。另一些执行官考虑的是事务方面："如果我到你那里上市，我的公司有什么能卖给纳斯达克的呢？"还有一些会出于对社会或部落的考量："在我的行业里，其他公司是怎么做的？"不少人重视情绪，他们的选择建立在个人抱负或儿时壮志之上："我一辈子都梦想在纽交所敲钟"，或是"我希望看到自己公司的名字出现在纳斯达克，跟全球最优秀的科技公司排在一起"。而如果碰到后者的情况，尝试推销纳斯达克优越交易统计数据所带来的好处就离题万里了。我曾向许多首席执行官介绍纳斯达克微市场结构的好处（这些好处尚未得到应有的重视），当时我并未意识到，这类事情兴许并不是能驱使他们做出决定的驱动因素。不知道有多少人被我念叨得沉入了梦乡呢？

有些首席执行官看重人际关系甚于成本效益分析，他们会选择跟自己（或高管团队）关系最好的股票市场上市。有些首席执行官因此投身纳斯达克，并因双方建立合作关系而蓬勃发展。有些首席执行官做出决定，但此后多年来你几乎就不再听到他们的消息——比如杰夫·贝佐斯和亚马逊。一些执行官则需要提醒，纳斯达克仍然是他们业务最好的合作伙伴。有些人，不管发生什么事，都对自己IPO的地方忠心耿耿。也有人总是想知道外面世界的月亮是不是更圆。

我发现，品牌归属感往往是一个关键因素。为什么科技公司希望在纳斯达克上市？有一个很简单的重要原因：其他科技公司是这么做的。我们跟创新和技术的关系，竞争对手怎么也比不上。事实上，纳斯达克和纽约证券交易所两者的品牌形象在大多数首席执行官头脑里都非常清晰，一切全都可以归结为两个问题："作为首席执行官，你是什么样的人？""作为一家公司，你是什么样的形象？"我早就来了，我地位卓然——那就是纽约证券交易所；我在成长，在创新，在创业——那就是纳斯达克。我们努力让"在纳斯达克上市"成为全世界最优秀企业的骄傲勋章。而这是一种良性循环——我们的公司喜欢跟纳斯达克产生关联，而我们也通过与这些公司的关联，建立起自己的品牌。但这有时也让我们很难说服科技行业以外的企业在纳斯达克上市。在每一次的销售游说中，我们似乎不是利用这种关系获得优势，就是竭尽全力摆脱品牌的束缚。

我很快意识到，去做一个讨人喜欢的社交人物、建立有效的执行官人际网络是我工作必不可少的一部分，也是在全美和世界舞台上代表纳斯达克的关键。当然，这里面有额外的福利。我有机会比商业世界里的任何人都见到更多的首席执行官。我坐在数百间会议室里，从苹果到Zillow，一边推广纳斯达克的产品，一边倾听各家公司领导者的愿景。不可避免地，我在硅谷花了大量时间，在整个加利福尼亚半岛跟高管们交谈，出席斯坦福的行业活动，拜访沙山路的风险投资家，在旧金山跟社交媒体专家闲聊。

我第一次去旧金山湾区出差时，长期担任思科首席执行官的约翰·钱伯斯为我举办了一场聚会，把我介绍给硅谷的领导者们。这叫我有点紧张，因为这样的公众形象，对我而言是全新的。硅谷独特的生态系统，尤其是大学、商界和风险投资公司之间的共生关系，让我非常着迷。出席活动的高管，不少人曾在斯坦福大学就读，此外还有无数的教授、技术专才、初创公司创始人和风险投资家们。金钱、思想、商业智慧和知识活力通过富饶的人才网络，密密麻麻地交织在整个社群里。许多斯坦福大学的教授都曾在硅谷的企业或风险投资公司工作过，要不就是自己创业过，一些商业领袖如今也在斯坦福大学任教。

在帕洛阿尔托温暖的地中海气候下，我记得自己很自然地在聚会里一直待到了加利福尼亚的深夜。这在纽约的商业圈里很少见，当地人都是工作日一结束就赶紧出城。加州的休闲着装套路和悠闲的态度，对我来说很新鲜，但我很快就知道，别因为这样就错以为我的西海岸新朋友们不如纽约的同行们动力足。我逐渐开始期待自己的西海岸出行，把它看作我工作里令人享受的一个方面。随着科技公司紧锣密鼓地接连上市，这样的机会越来越多。

改变竞争版图

2003年，我刚开始担任纳斯达克首席执行官时，没有一家公司将自己的上市场所从纽交所改为纳斯达克。如果真的有哪家公司会改，也是从纳斯达克换到纽交所。随着纳斯达克成为更成熟的品牌，想要换到纽交所上市的公司大幅减少。但对那些老牌大企业来说，从纽交所换到纳斯达克仍然闻所未闻。

我决心改变这样的局面。

布鲁斯·奥斯特和我一起开动脑筋，构思了一套策略，列出了一份有待试探的公司名单，嘉信理财就是其中之一。这家总部位于旧金山的创新型金融管理公司仍由其著名创始人查克·施瓦布（Chuck Schwab）运营。我飞到了湾区，布鲁斯和我跟查克见面，讨论在纳斯达克上市的可行性。通常而言，我们的销售游说会根据具体的公司量身定制服务和卖点。这就包括一系列的营销"赠品"，比如我们针对每家客户专门设计定制的联合品牌广告和促销活动。最后，我们还会利用自己的品牌，将它称为"硅谷股票市场"。对嘉信理财等公司来说，这是一个真正的卖点，因为它们希望把自己定位为新信息经济的一部分。

施瓦布表现出乐于接受的态度，但他并没有准备好放弃纽交所。"双重挂牌怎么样？"他问我们。双重挂牌？布鲁斯和我面面相觑，困惑而又好奇。这样的事，以前可没公司做过。起初，我以为施瓦布这么说只是为了找机会结束见面——扔出一个行不通的设想，接着就各走各路，但我很快意识到，他是认真的。讨论仍在继续，我的心思也活络起来。毕竟，更换上市交易所，不光是经济上的胜利，也是营销上的胜利。双重挂牌基本上能实现这两点，而又无须同等程度的即刻承诺。"我们去调查一下，很快给你回复。"

我们告诉他。

有时候，客户会带给你很棒的点子。他们对你的生意有独特的观点。随时留心他们的反馈。或许他们的建议夹杂在抱怨里，伪装成了拒绝，或是隐藏在一句随意的评论里，但仔细倾听，你就能从里头找出闪闪发光的智慧金块。这也就是说，你绝不愿意把视野仅仅局限在客户的需求上，他们往往专注现有产品或服务的渐增式改进。只有预见到客户还不知道自己需要的东西时，你才会出现真正的创新飞跃。

双重挂牌不是飞跃，但它是真正迈出了一步，而且是从前没人尝试过的一步。如果嘉信理财愿意往纳斯达克的生态系统伸出一只脚试水，其他机构肯定会跟进。考虑到我们很难说服企业彻底更换挂牌上市的交易所，双重挂牌的提议就容易多了，哪怕这些新来的企业还在评估纳斯达克的服务，它们也能让我们跟其建立长期关系。随着时间的推移，我们希望能战胜纽交所，在上市领域打一场彻底的胜仗。于是，纳斯达克开始寻找一批愿意双重挂牌的公司。我们希望至少能找到五六家此类公司同时宣布。

很快，惠普（硅谷最著名的公司之一）又为我们打了一针强心剂。布鲁斯和我在惠普总部的总裁办公室见到了卡莉·费奥莉娜（Carly Fiorina），向她介绍双重挂牌的好处。费奥莉娜对这个设想持开放的态度，并带着自己特有的自信，当场跟首席财务官开了一场会，立刻决定要推进下去。她愿意理性地考虑种种好处，迅速采取行动，立刻做出决定，这些都给人留下了极深的印象。我们大感兴奋，虽说我们也知道，她这么做有一部分动机兴许是更好地将惠普的技术卖给纳斯达克的后端交易系统。

到2004年1月，我们已经有6家公司准备就绪。我们召开了一场新闻发布会，公布了该计划和加入的公司：惠普、沃尔格林（Walgreens，药品连锁店）、楷登电子（Cadence）、嘉信理财、美国国家金融服务公司（Countrywide Financial）和阿帕奇（Apache），全都是市值可观的企业。未来岁月里，双重挂牌的企业还会更多。但这是了不起的第一步——向纽交所打出了第一枪。

沃尔格林尤其成功。它不是一家科技公司（如今，每一家公司多多少少都是科技企业，但当时，这一幕尚未成为商业环境的现实），它是腹部地区的中流砥柱，总部设在伊利诺伊州，是中部美国的象征。然而，他们比大多数公司都更愿意看到好处，承担风险。我喜欢纳斯达克作为科技股市场的声誉，但又不愿为这种声誉所牵绊。我们需要能代表各个领域的企业。沃尔格林这样的企业肯定了我们的这一战略，星巴克也是这样。它是另一家早期加入纳斯达克并忠心耿耿的非科技公司。在向全球零售品牌发展的过程中，星巴克是第一家与纳斯达克合作的非科技公司之一，它证实我们远远不是一家只为雄心大志的硅谷公司服务的市场。

再来一杯咖啡

　　拿下客户的感觉很好，但这仅仅是个开始。就像一段每年都要更新的婚姻，纳斯达克与旗下上市公司的关系也并非理所当然。举一个恰当的例子吧：几年前，布鲁斯带着一个恼人的消息来到我的办公室："我们跟星巴克出问题了。"

　　"星巴克！你是在开玩笑吗？怎么回事？"这家标志性的咖啡连锁店在纳斯达克上市已经20年了，在著名首席执行官霍华德·舒尔茨（Howard Schultz）的领导下，星巴克一直是深受纳斯达克总部喜爱的客户——这可不光是因为他们在自由广场一号的大厅开有一家店，我的高管团队经常光顾。多年来，这家公司已经发展为一个真正伟大的美国品牌，而在这一整趟不平凡的征途里，我们始终并肩前进。我们举办过大量联合推广活动，包括在时代广场对面的MarketSite大厦跟霍华德·舒尔茨和杰米·戴蒙（Jamie Dimon）一同开拓市场，推出星巴克奖励维萨卡。他们甚至还出现在纳斯达克的一轮广告宣传活动里，他们的一位高管还在我们的董事会里有席位。现在怎么可能出岔子呢？布鲁斯不知道详细情况，但他从星巴克的熟人那里听到了不满的牢骚。很明显，我们必须去一趟西雅图，以确保双方关系仍然有着良好的根基。

　　我给约翰·雅各布斯打了电话，他跟星巴克的营销总监关系密切。雅各布斯在纳斯达克的华盛顿办事处工作。"你听到什么风声了吗？"

"我还没找到任何细节，"雅各布斯回答，"实际上，连他们的营销总监都一无所知。或许纽交所在对舒尔茨甜言蜜语呢。"

"嗯，有可能，但我们不能失去星巴克。你打包行李吧，我们去西雅图。我会安排跟舒尔茨见个面。"

等我们来到太平洋西北岸，我和雅各布斯以及星巴克的客户负责人聚到一起，为会面做准备。我不喜欢喝咖啡（我认为自己自带咖啡因），但那一天，我们跟舒尔茨和他的首席营销官一起在办公室里来来往往，我手里总是随时端着星巴克的咖啡杯。不出所料，我们很快得知，最近竞争对手抢占了我们的座位。"纽交所就在这里，他们愿意为我和星巴克推倒砖墙。"会议一开始，舒尔茨就告诉我们。

这么多年来，舒尔茨跟我建立了一段积极的关系。在获得财富和名望之前，他在布鲁克林的工人阶级中长大，我总感觉自己跟他这种激励人心、白手起家的经历颇有亲近感。他是那种始终关照自己公司品牌的首席执行官。或许，在提供充分的促销能量方面，纳斯达克对星巴克有所怠慢。又或许，他想要得到保证，纳斯达克仍然站在星巴克背后。果然，对话很快转到舒尔茨即将出版的讲述星巴克创立故事的新书上。很明显，他希望这本书能再次提升品牌，而且，他在寻求我们的支持。事实上，这似乎成了对我们伙伴关系的一种考验。

雅各布斯一定也有同感，因为我还没来得及回答，他就插了进来："舒尔茨，你得知道，纳斯达克对你的新书有很多打算。我认为这是一个了不起的励志故事，是纳斯达克公司高管们的必读之书。我们打算购买几千册，寄给我们所有的上市公司。"

随着雅各布斯勾勒新书的推广计划，房间里的气氛悄悄地发生了变化。舒尔茨看上去大受鼓舞，他的兴趣点也亮了起来。约翰继续往下说我们为次年星巴克成立40周年的纪念日制订了计划，要在西雅图敲开市钟。"这是它第一次在西雅图举办。这场盛大的活动将由星巴克和纳斯达克联合承办。"

我暗自发笑。我知道，雅各布斯基本上是在即兴发挥，但那没关系。他所做的一切都是为了让一位重要的客户满意。这就是为什么你需要才华横溢的高管，因为他们能提前一步满足客户的需求。要是他们落在了后面（不管是出于什么原因），他们总能找到办法重新赶上来。

雅各布斯的急中生智拯救了这一天。2011年3月，我们在星巴克在西雅图开办的第一家门店（就开在西雅图标志性的派克市场）敲响了开市钟。在一个落雨的清晨6点，我跟舒尔茨一起登台，在许多兴奋的旁观者的陪伴下，开启了交易日，推出了星巴克的新标志，庆祝我们之间美妙的20年合作关系。将公司从一无所有发展到在全球55个国家拥有1.7万多家门店的杰出企业家舒尔茨发表了一场激昂的讲演，讲述他是如何保护和发展星巴克的价值观与文化的。就我自己而言，我下定决心，要随着岁月的推移，保护并扩大纳斯达克与星巴克的关系。

开市钟活动总是很受在纳斯达克上市的公司们欢迎，如果能在这些公司的所在地举办，那就更受欢迎了。我们第一次远程敲开市钟，是2005年在圣何塞与思科共同举办的。纳斯达克在技术后端采用了大量的思科设备，而利用思科设备虚拟开市的点子简直妙不可言，让人无法拒绝——更何况，纳斯达克是全世界第一家虚拟股票市场。

如果一家公司庆祝IPO或周年纪念日，就像星巴克或思科一样，这是企业反思自身的好机会。对整个组织，尤其是上市公司而言，它就像是一个意义重大的生日。人们对这些里程碑庆祝活动（不管是在纳斯达克时代广场总部敲响开市钟前开启香槟，还是Facebook的员工们在上市前夜整夜搞"编程马拉松"；不管是西雅图星巴克的粉丝们喝着早安拿铁，还是亚洲各地的远程开市）看得那么重，总会让我深受震动。我对所有这些活动都留下了美好的回忆。商界很少有人能像我一样，得以间接地参与到纳斯达克生态系统下数百家各类组织的里程碑瞬间。

和人一样，组织也需要庆祝里程碑，反思自己来自何方，取得了什么样的成就，在创造经济机遇中发挥了什么样的作用，并审视世界各地相信这一愿景的投资者。纳斯达克是这些企业与全球数百万股东及利害相关人沟通的中介。它的功能不仅仅是促进贸易，它还为世界上最伟大的公司和（经济或社会）资本提供了连接点，使前者得以成活。

候任总统

"他已经在等着了，你赶紧过来。"

布鲁斯听上去很着急，我理解。"我动身了，我会尽快赶来。"遗憾的是，在纽约，"尽快"可能有着各种各样的意思，而我已经赶不上时间表了。我离开纳斯达克的总部，前往曼哈顿中城区特朗普大厦与唐纳德·特朗普（Donald Trump）会面。

我挂上电话，望着窗外第六大道上川流不息的车辆。这不是个好兆头。在纳斯达克资深副总裁这一群体里，我在守时方面的名声……怎么说呢？不够好。但有时候，我真的只是时间不够用罢了。那是在2005年，未来的总统还只是个带着传奇色彩的商人。他重组了自己的赌场生意，打算再次在公开市场上市。他的名字本身就是受欢迎的专营买卖，我当然想要拿下这笔上市业务。半个小时后，我把车停在了拱门上高悬特朗普名字的金色大厦前。

谁能料到，多年以后的2016年，这栋大厦的门厅竟然成了疯狂媒体活动的现场：当时，特朗普在总统大选中获胜，他的行政班底就在楼上制定策略，一大群紧张得喘不过气来的记者拥堵在入口。但此刻，它只是纽约一座普普通通的豪华办公楼，我带着紧迫感匆匆登上自动扶梯。

特朗普似乎一点也没有因为我迟到而烦乱。他和蔼可亲，请我们坐下。对话开始，特朗普拿出了自己的"特朗普娱乐度假村"方案，我感觉有些东西不太对劲，过了好一会儿才意识到，这是因为我们之间的相对高差太大了——在一张巨大的办公桌背后，特朗普坐得明显比我们高一头，俯视着冲我们微笑，一张宽阔的脸庞支棱在鲜红的领带上。

不管如今你政见如何，你都不可能不注意到特朗普具备真正的明星效应。我第一次感受特朗普现象是几年前在纳斯达克总部，Nextel公司敲响开市钟的活动上。Nextel跟纳斯卡赛车（NASCAR）建立了合作关系，并花钱请特朗普来帮忙推广该品牌。我印象很深的是，就连在那时候，Nextel也意识到了特朗普对工人阶级的吸引力，因为工人阶级是纳斯卡赛车的主要受众。我敲响了开市钟，站在特朗普夫妇和那年纳斯卡杯冠军库尔特·布施（Kurt Busch）身旁。活动结束后，我们一起走到时代广场，粉丝们将特朗普团团围住。我拿不准自己能否解释他的吸引力，但近距离观察，他真的很了不起。

在他以自己名字命名的大厦里，我和布鲁斯为特朗普提供的股票代码是TRMP，我们还讨论了纳斯达克在交易、投资者关系和宣传方面能为他的公司提供些什么。经历过一些高调的破产和名誉受损事件过后，他的商业之星再次升起，名人影响力也随之上扬。那时候，IPO市场仍然低迷，凡有新公司上市，对我们都有帮助。再说，赢下一位名人的IPO不会有坏处。开会期间，我们发现，纳斯达克处于有利位置的原因是特朗普在纽交所的糟糕经历。

他告诉我们，"我要告诉你们两个，我讨厌纽约证券交易所"。当时特朗普还根本没见到过推特，但我已经猜到他不是个说话委婉的人了。

"嗯，恐怕我们也不怎么喜欢纽约证券交易所，"我回答，"你碰到了什么事？"

"我有些赌场在纽交所上市，它们碰到了些麻烦。生意破产了，我们只好摘牌退市。纽交所的人做得很恶心。"

布鲁斯看了看我，接着又看了看特朗普，之后非常慎重地回答说："特朗普先生，我们要说明一下，如果你在纳斯达克破产，我们也会让你摘牌退市的。"他顿了顿，带着微笑说："但我保证，我们会做得超级友好。"而日后的事态，也正是这么发展的。几年后，他的公司真的又破产了，我们只好"非常友好"地把它摘了牌。

过去和未来的创业家

2006年，纳斯达克成功吸引了市场上2/3的IPO活动。实际上，在跟对手无休止的面对面激烈竞争中，我们感觉自己越发占据优势。我们在我的五步计划的第五点上取得了进展：不再满足当老二。不过，对竞争优势的追求并不受美国国境线的限制。在美国国内，我们跟纽交所竞争；在世界的舞台上，还有另外两个具有全球影响力的竞争对手：伦敦（LSE）和香港（HKEX）。有一个资源特别丰富的全球新公司上市市场，那就是中国。我在那里花了相当多的时间，向新贵公司的高管抛出橄榄枝。在美国的土壤上，上市是一桩不可预测的生意；而在中国这种我毫不熟悉的文化里，它的不可预测性还要翻倍。

在我的第一次中国之旅中，我开始意识到纳斯达克的品牌在全世界意义多么重大。他们的媒体报道之隆重，我完全没做好心理准备。我的团队安排了一场新闻发布会，来了一大群真正的记者，他们记下了每一个字，像追逐电影明星的狗仔队般拍下我的照片。有很短的一段时间，我似乎来到了媒体世界的中心，坦白讲，我也有过自我膨胀的瞬间，但它转瞬即逝。我很快意识到，我的新名声跟我自己没有关系。狗仔队追的不是我，他们是希望靠近纳斯达克这个品牌，靠近美国的创业精神。我直接而强烈地体验到了中国对我们经济模式的兴趣。当然，我只接触了少部分人，但我的印象是，中国人是天生的创业家。

在我的中国之行中，我见证了一场巨大的变迁。在2003年到2004年这些早期旅行中，凡是美国的东西，似乎都自带金色的光环。公司想要像美国企业一样——比如学习谷歌的百度。但近年来，情况发生了变化。到了2010年前后，商业领袖们对照搬公式没那么感兴趣了，相反，他们渴望独立创新。他们对自己独立的经济愿景越来越有信心。

在这些旅行中，我偶尔也会遭遇一些出乎意外的文化错位。在北京，我安排好要跟一位首席执行官见面。事前，我读到简报说，这人喜欢打猎。我从前打过几次鸟，以为这或许有助于谈话时跟潜在客户建立纽带。

"你打猎打些什么？"我问。

"鸡。"他回答。

鸡？"你是怎么猎鸡的呢？"我一边问，一边努力掩饰自己的惊讶。难道说，是翻译中漏掉了什么东西吗？

"鸡在鸡圈里，我们冲着它们射击。"他热情地解释说。

我好不容易才恢复了正常的表情，并在心里做了个笔记。要是有人约我去打猎，我可得找借口躲开。

还有其他不少文化冲突的难忘时刻——有一些有趣而不雅，有一些错愕而奇怪。我们的夜晚常常在丰盛的晚餐和没完没了的祝酒中结束。必须指出的是，中国人的盘子上盛着大量西方很少见的食物。有一次餐桌谈话中，一位新的中国生意伙伴用一个笑话解释了中国人与食物的关系。

"想象一下，一个外星人来到地球。"我们围坐在一张大餐桌旁，他朝前靠了靠，拉开了话匣子。"美国人会想方设法地研究、科学地认识外星人。俄罗斯人会努力琢磨怎么把外星人变成武器。但中国人……"他刻意地停顿了一下，想要制造戏剧效果，我屏息凝气地等待他说出最后一句妙语："中国人会把所有时间都用在琢磨外星人哪部分最好吃上！"笑话没讲完，他就忍不住大笑起来。

在大多数方面，文化差异很容易克服。有句话很老套，但一点也不假：哪里的人都是人。除了文化和地理上的表面差异，中国高管跟美国同行在很多方面都是一样的。在旅途中，我结识了许多新朋友，建立起许多良好的业务关系。如今中国发生的事情几乎没有先例。这是历史上规模最大的一次中产阶级迁移。他们面临着巨大的挑战，但商界学得很快，并以惊人的速度不断演变。在纳斯达克上市的公司，比如百度、微博和京东，现在是全球公认的、备受尊敬的品牌。依靠纳斯达克投资者们的公信力，我很荣幸地帮忙推动了它们的发展，让它们跻身全球资本和公开市场。

实际上，在领导美国国内和海外上市业务的过程中，我还发现了更深层次的意义。在浮华和名人的喧嚣中，在竞争精神的刺激下，我得以再次确定，纳斯达克不仅是一家企业，还是我们社会中推动创新和创业资本主义的全球性平台。我知道这像是企业年报里的话，但我逐渐看到了其中的真意。纳斯达克（和其他类似交易所）为投资界带来了几乎史无前例的全球覆盖度、规模和公开透明度。金钱能让世界运转，但只有合理分配的金钱，才能将经济资本真正转化为社会和技术进步。这使得那些远见卓识者得以做他们最擅长的事情：用对我们所有人来说都更好的剧本，重写明天。

Leadership Lessons
领导力经验

· **通过亲和力建设自己的品牌。**你的客户往往是你最好的品牌大使。

· **不是每一笔买卖都需要着眼成本效益分析。**人类的选择受多种因素驱动，有些出于私心，有些出于组织归属感，还有些是事务性的考量。花时间了解什么能真正打动客户的心弦。

· **别想着一次就拿下客户。**深厚的客户关系需要维护和不断更新。

06

—∿—

政治教育

MARKET
MOVER

LESSONS FROM A
DECADE OF CHANGE
AT NASDAQ

"经投票表决，美国证券交易委员会以微弱优势修改股票交易规则。"

《华尔街日报》，2005年4月7日

如果你有机会和我们这个时代的伟大创新家一对一地聊天，你会聊些什么呢？我曾跟史蒂夫·乔布斯单独相处了10分钟，可我们的话题却奇怪地聊到了管控上。

那是在20世纪最初10年中期的某个时候，纳斯达克在硅谷举办了一场政治领袖和首席执行官碰头会。刚受命担任财政部长的汉克·保尔森（Hank Paulson）是当天的发言人。我到得很早，走进房间时只有一位嘉宾到场。乔布斯静静地坐在边上。经过了跟世界顶级商业领袖的共事与谈判，我并不太容易咋咋呼呼地追捧明星，但乔布斯带着一道不容误解的独特光环——一种非同寻常的强烈专注力。我们打过招呼，便聊起天来。

"我们今天会听到政治和管控，对吗？"他问，"谢天谢地，我不必跟那个世界打太多交道。"

"不幸的是，我避不开，"我回答道，"基本上，未经监督和批准，纳斯达克不能采取任何重大商业动作，它就是我们生活的一部分。"

乔布斯一脸同情。"监管这么严格，公司还能正常运转，我简直无法想象。还好我不必这么做。我一直很走运。我的所有商业行为基本上都是在不受监管的领域。"

"我现在已经习惯了，"我沉思着，"但我承认，有些时候，我感觉自己就像是被证监会这个后妈暴打了一顿的野孩子。"

他的表情带上了重新认识的意味。"受到这样的监管，你们还怎么发挥创造力，把事情做好呢？"

我还没来得及回答，保尔森和其他嘉宾就到了，神奇的私人谈话时刻结束了。这不是一轮深刻的对话，也并不足以改变人生，但很难忘。对置身监管机构之下的创新挑战，乔布斯的看法肯定是对的。在纳斯达克，我们没有不受监管的生活。不管你喜不喜欢，我们所呼吸的空气里都弥漫着监管。事实上，如果没有金融市场数十年的监管行动，纳斯达克可能根本无法存在。我们无法蜕去自己的证监会外皮。我们必须拥抱它，和它一起前进，和它一起工作。身为创业家和颠覆者，我们跟它屡屡发生摩擦。但随着时间的推移，我们找到了正确的创新节奏，甚至适应了美国证监会缓慢的审批程序。出乎我的意料，我开始意识到，监管甚至能成为我们的盟友，提高我们的竞争优势，实现我五步计划的最后一项：不再满足当老二。

政治教育

"迈克·奥克斯利（Mike Oxley）想跟你谈谈。"

我第一次听到这句话挺吃惊的。我才刚接手纳斯达克的工作，如何运用政治手腕和途径的教育就要开始了。奥克斯利是俄亥俄州很有权势的众议员，正担任美国众议院金融服务委员会主席。定义了金融监管新时代的《萨班斯–奥克斯利法案》（*Sarbanes-Oxley legislation*），就写着他的名字。奥克斯利掌管着美国证监会的委员会，而美国证监会监管着纳斯达克，这让他成为我们这一行业，乃至全美国最有权势的人物之一，他居然想要和我谈谈？

最初，我承认，这个念头让我的自负心有些膨胀。好在克里斯把我带回了现实。"你知道他想从你这里筹款，对吧？"哦，对。这是政治。华盛顿特区的规矩是不同的，我执掌纳斯达克之初，经常感觉自己像是个初出茅庐的大一新生闯入了终身任职的政治专家和教授的世界。跟金融监管机构谈判，跟美国的政客阶层打交道，我走进纳斯达克时可从来没想到过这些技能。

然而，它当然事关重要。我们的每一项操作都必须得到美国证监会的授权，我们交易系统的任何调整也必须获得批准。监管可以成就我们，也可以毁掉我们；它们可以鼓励良好的行为，也可以催生不良行为（又或同时实现两者）。它们可以让市场更好地运转，帮助证券交易在分配资本方面变得更公平、更高效；但它们也可以起到完全相反的作用。它们可以奖励创新，鼓励技术变革（就像我们在纳斯达克所做的那些创新和技术变革），也可以阻挠和拖延这些变革，支持我们那些树大根深的竞争对手；它们可以创造公平的竞争环境，也可以让门槛越升越高。我理解商人的动力和激励，可对政客就没那么了解了。我需要知道什么能打动他们，什么对他们来说算是胜利。我必须赶紧跟上华盛顿的脚步。

结果，我很快就习惯听到有人告诉我"奥克斯利想跟你谈谈"这句话了。多年来，我跟他在许多项目上共事，变成了好朋友。他也是个体育迷，帮助我了解到体育和政治的许多共同点，每一个都涉及复杂的战略和博弈。他向我讲述比赛中出现的伟大时刻——令人难忘的橄榄球比赛、史诗般的高尔夫击球，以及其他体育赛事的精彩瞬间，我对这些有着许多甜蜜的回忆。他能带着同样的好奇心和洞察力，津津乐道地向我讲述很久以前进行的一场俄亥俄州对密歇根州橄榄球赛在第四节翻盘时所采用的打法策略顺序，接着无缝转入对围绕某项法案所存在的立法途径和政治立场的介绍，并告诉我两者之间的相似之处。他那近乎照相般的惊人记忆力在国会里也帮了他不少忙，他能轻松地回忆起名字、面孔、事件、法案的细节，谁在委员会上说了些什么，等等。

我希望政府里有更多像奥克斯利这样的人。他通过《萨班斯-奥克斯利法案》，是在2002年爆出安然（Enron）和世通（WorldCom）丑闻之后，其目的是提高美国企业的会计标准和透明度——即便套用这个温和的说法，美国企业中金融行业对监管加强和复杂的报告要求大感恼火。然而，奥克斯利和蔼可亲、富有魅力的个性最终超越了他立法带来的负面名声。2007年他退休后，我们请他到纳斯达克担任非执行副董事长。我们上市公司的高管们很高兴有机会跟这位态度务实、走中间路线的前国会议员见面，他们很想听他讲述幕后故事，获得他在应对华盛顿复杂事务方面的建议。他对纳斯达克的付出获得了极高的评价，直到2016年他因癌症过世。

在我的政治教育中，纳斯达克的总法律顾问埃德·奈特的指导也让我获益匪浅。他曾在美国财政部任职，在鲍勃·鲁宾（Bob Rubin）和劳埃德·本特森（Lloyd Bentsen）手下做事。他在法律和政治方面思考周到的建议和他深谋远虑的智慧真是无价之宝。在纳斯达克工作期间，他的专业知识、他对金融监管的了解、他跟华盛顿与华尔街关键人物的私人交情都为我所仰赖。对商人来说，华盛顿可能像是另外一个世界。和所有涉足异域文化的人一样，你需要身边有个懂得当地语言、了解那里怎么做事的朋友。

我在华盛顿交了很多朋友，但也与他们存在政治分歧。我跟2003年到2005年担任美国证监会主席的比尔·唐纳森（Bill Donaldson）之间的关系就是个切题的例子。唐纳森令人印象深刻的履历，证明了他在公共和私营领域的成功、能量与特权。他深谙股票交易的旧世界，是场内交易模式的资深老兵。事实上，最让我困扰（这么说的程度应该是最轻的）的是，他曾经是纽交所的首席执行官。

我在纳斯达克工作后不久跟他的初次会面成了之后许多事的预兆。一个夏日，埃德·奈特带我去了证券交易委员会办公室。我们邀请纳斯达克董事会主席鲍迪·鲍德温（Baldy Baldwin）一道前往，他和唐纳森从前都参加过美国海军陆战队，我们希望这共同的经历能让两人热络起来。

"我刚跟同事们说起纽交所有多棒。"刚一见面，唐纳森就这么说。

纽交所？就算私底下这么想，他干吗要在这一刻说出来呢？他明明知道我们倡导的是一种完全不同的模式。我们想跟他谈的是纽交所传统的交易方式和过时的监管妨碍了股票市场的进步和竞争。他是故意挑衅吗，还是他心不在焉地在回顾自己从前在纽交所做首席执行官时的辉煌？又或者，他只是弄错了正在跟自己说话的人？直到今天，我都不知道。但这个迹象暗暗透露出他对老式交易的忠心，不免叫人有些担心。

在我跟证监会的关系中，最初的一些碰撞来自我对它所扮演角色的理解。美国证监会成立于1929年股市崩盘后，其公开宗旨是帮忙加强股票交易秩序，保护投资者。为达到这一目的，它主要关注的是规则和条例，以及华尔街的各种参与者对规则的遵守情况。不用说，这是它的一项重要职能。但直到2003年，《商业周刊》（*Businessweek*）发表了一篇封面文章，质疑纳斯达克能否生存下去（当时，许多华尔街人士都有这样的疑虑），我才彻底明白了证监会的准确关注点。文章准确地提到，我们每一天都在亏损。然而，证监会并没有人打电话来，甚至似乎没人注意这件事。他们在乎的是提交规则的细节，但似乎并不怎么担心我们可能会破产。

后来，我向唐纳森提出了怀疑。那不是很重要的信息吗？毕竟，纳斯达克是华尔街运作机制里相当关键的一部分。如果一家大银行也面临破产局面，那么可以肯定，美联储一定会关心它能不能活下去！当然，美国银行体系的稳定性是联邦储备局明确使命的一部分。这就是我们会听到"大到不能倒""压力测试""具有系统重要性的机构"等说法的原因。正式而言，美国证监会的使命分为三个方面：保护投资者；维护公平、有序、高效的市场；促成资本形成。请注意，健康和生存能力并不在这份清单里，尽管它们显然应该是相关考量。美国证监会的职责围绕监管市场展开。埃德·奈特当时就向我解释："证监会更像是司法部，而不是财政部。证监会的办公室里坐满了律师，而非经济学家。"

这似乎是个难以理解的关键，但它跟2008年的金融危机有着巨大的牵连。大部分问题始于投资银行资产负债表上看不见的冒险行为，它们受美国证监会（而不是美联储）监管[1]。跟那些只关心孩子行为，而不关心他们健康的严厉家长一样，监管机构忽视了贝尔斯登和雷曼兄弟银行资产负债表上的毒瘤。

相比之下，稳定是美联储的首要任务，根据它的判断，商业银行并不是麻烦的主要来源。显然，导致金融危机的原因有很多。但回想起来，我2003年跟唐纳森在谈话中提及了纳斯达克不稳定的财务状况，而他对我们的财务状况漠不关心，这是一个不祥的预兆，预示着我们的麻烦将从投资银行开始，并最终对世界经济造成威胁。

游说是教育

值得指出的是，对金融市场的监管，我从来没有强烈的政治意识形态。我坚定地信奉资本主义，但也并非没有明显界限。所有的市场都受益于明智、透明和一致的规则，而这一切都需要随着市场的演变而更新。借用奥克斯利最喜欢的比喻，在体育运动中，胜任的官员按明确的规则手册执法，这对公平赛场上展开健康的竞争至关重要。同样的道理，良好的监管让资本主义和市场欣欣向荣。糟

1　从技术上讲，美国证监会和金融监管局（金融监管局是纽交所和纳斯达克的监管部门合并后成立的）负责监督这些投资银行，但是证监会扮演主要角色。

糕的规则能轻松打压比赛，使得公众对市场的公平失去信心。

若有可能，我乐于让市场力量自行施展魔力，而不受监管干扰。但良好的监管是现代市场（当然也包括股票市场）的一个基本特征。我还相信并认为，真正的竞争对消费者有益，一如在经济的其他领域，在金融市场也不例外。

在华盛顿，我扮演了自己的角色：为纳斯达克在监督监管方面的特殊立场鼓与吹。这通常意味着我倡导股票市场朝着聚焦客户、以技术为驱动的方向转型，变成营利性企业，在竞争的生态系统中发挥职能。在当代世界，交易员、交易商和手工做市商的内部网络逐渐变得失去了切实的意义，不管它们曾经多么适合另一个时代和地点。我们支持"点亮"市场，也就是说，在这样的交易所里，所有人都能看到市场上买家和卖家的操作。正如美国大法官路易斯·布兰代斯（Louis Brandeis）的名言："阳光是最好的消毒剂。"我相信，这些特点是未来的发展方向，并将最终占据上风。在新技术的推动下，进步正在到来，我不想站到历史错误的那一边去。我无意保护我眼里过时的陈旧证券交易方式。我们努力工作，去竞争、创新、生存、与时俱进、为客户效力，同时赚取合理的利润。我认为其他人也应该这样做。

代表纳斯达克还意味着不仅仅代表我们这一家组织及其特定需求。在公众的心目中，我们与创新、创业和经济活力联系在一起，华盛顿的人们希望跟我见面，把握市场的脉动。"首席执行官跟你是怎么说的？""创新真正是出现在什么地方的？""风投界是怎么做的？""你对如今的经济有些什么感觉？""金融市场是怎么运作的？"诸如此类的问题源源不断。埃德向我解释，"我们来到华盛顿，并不仅仅代表纳斯达克本身，也代表科技经济的状况和在纳斯达克上市的数千家公司。我们体现了它们的雄心、挑战，以及它们对美国商业的集体影响"。

当然，这数千家公司也有自己想问的问题。我在拜访首席执行官们的时候，他们会问我："华盛顿发生了些什么？""政客们在想什么？""哪些监管快要来了？"

所有这一切意味着多次前往华盛顿，游说国会议员，并在参众两院的金融委员会前发表证言。和在大多数领域一样，私人关系在政治领域里也很重要，所以我会花时间跟政客和政府官员相处，了解他们本身是什么样的人，努力建立信任和融洽的关系。

从很多方面来看，这是一段迷人的旅程。我进入了一个新世界，认识了一些与自己背景和生活经历完全不同的人，比如理查德·谢尔比（Richard Shelby），参议院银行委员会强有力的负责人，是来自南方的颇具传奇色彩又位于权力舞台正中央的政治掮客。在我的任期内，我与国会左右两翼的许多公职人员都建立了关系，其中包括马萨诸塞州参议员巴尼·弗兰克（Barney Frank）、康涅狄格州参议员克里斯托弗·多德（Christopher Dodd）、财政部长汉克·保尔森、纽约州参议员查克·舒默（Chuck Schumer），还有前面提到过的迈克·奥克斯利，等等。总的来说，我的体验是，我接触的政客都是勤奋敬业的公职人员。尽管如此，也有许多民选官员让我大吃一惊，他们不能或者不愿理解股票市场的基本动态。除了那些我深感敬佩的人，还有些人（既有来自民主党的，也有来自共和党的），他们的冷漠、低效和彻底的无能让我心烦意乱。

事实上，我和同事们花了大量时间游说政治领袖，教他们了解金融市场的本质——金融市场怎样运转，怎样为投资者服务，多年来怎样演变，以及它们怎样才能变得更好。

如今说客的名声不好，或许这也是他们活该。我并不羞于承认，对政治影响力的追求让人走上了一些可疑的道路。但根据我的经验，有效的游说发挥着重要的教育作用。只有很少的国会议员在上任前有过市场经验。老实说，如果我在国会，哪怕不需要筹集一分钱的捐款，我也会找人来整天跟我谈话，好从基层人员那里学习。

是的，我们有特定的观点，而我们的竞争对手有不同的观点，毫无疑问，事情理应如此。但这些对话不仅仅是为了赢得争论而进行的党派活动。事实上，当我与一位民选官员坐下来交谈，我会尝试代表争论双方，并将它们放到与此相关的更宏大议题的背景下。

如果碰上最好的情况，游说是把所有这些重要观点摆到桌面上的途径，它可以帮助立法者和监管者做出明智的决策。

人们很容易对国会山上发生的事情感到沮丧，甚至变得愤世嫉俗。但对于企业领导者而言，这种态度既不明智，也缺乏战略眼光。不要觉得自己能超越政治，我们都做不到。学会与之合作，尽自己的一份力量去创造一个更加公平的商业世界。就算你所在的行业尚未受到监管，但你永远不知道现状何时会改变。

建设公平竞赛场

最初我们在纳斯达克所谋求的监管调整，主要是想要改变市场规则，好让我们可以在公平的赛场上跟纽交所竞争。

那时候，我们要同时双线作战。新的电子通信网络大军只是挑战的一方面；另一方面，是我们要跟华尔街上的老牌交易所展开竞争。我们要跟它们争夺商业公司的上市，还打算在纽交所的股票交易中获得一些份额。2003年，纽交所控制着80%在该交易所上市的股票交易。然而，这并不意味着他们在电子交易的新世界里竞争出色。正相反，他们是在对其有利的监管下，完全避免了竞争。

当时的监管结构青睐纽交所的人工交易模式，在这种模式下，专业人士控制着给定股票的大多数订单流，并通过跟交易所内的其他人进行交易来协商价格。如果你想以电子方式交易纽交所的股票，而不是在交易所场内进行交易，那么你很难给客户一个真正的实时价格。场内经纪人和专业人士控制了大部分的流动性，并要花大约30秒来执行一笔交易。然而，如果想交易一支纳斯达克的股票（比如苹果公司的），你只需要打开终端，浏览各种电子通信网络，寻找最优惠的报价。然后你可以在1毫秒内执行交易。

然而，纽交所虽说可以暂时更有效地阻止电子交易的未来，但不可避免地它会被后者迎头赶上。毕竟，数字革命的目的基本上就是裁掉中间人。2003年，纽交所的专业交易员们仍然跟1969年一样在交易场内大呼小叫，但迟早有一天，进步会淘汰场内交易，就像它淘汰旋转拨号盘的老式电话一样。可要让进步早些到来，就必须进行监管改革。在这种情况下，进步需要推手。

2004年，机会自己浮出了水面。一项旨在"现代化和巩固"美国证券市场的一揽子监管出台了，其全称是《全国市场管理规则》（*Regulation of the National Market System*，简称Reg NMS），是提高股票市场效率、鼓励其技术进步、朝着对纳斯达克有利的方向改变游戏规则的一个机会——所有这一切将同时完成。在此过程中，我的职责是帮助立法者和委员们理解股票交易运作的一些关键方面，以及待议的规则调整对改善股票交易运作会有些什么帮助。游说其实也就是教育，有时候，这些重要的事情涉及太多专业的技术，必须有人加以解释。

我的三个孩子那时正在踢足球，这为我带来了灵感，我想出了一个有用的类比。假设我在一个大热天去看他们的足球比赛，离开赛场后，我四处张望，想找些提神的饮料。这条街走到底，有一家商店的橱窗里挂着广告牌：软性饮料，1.79美元。接着，我转过头，又看到另外一块广告牌，它在很远的地方，隔着一条郊外六车道的高速公路，绕过中央的路岛，还得转个弯。我勉强能看到广告牌上写的是什么：软性饮料，1.69美元。在同等条件下，我兴许会选择价格便宜的那家店，但这一回，我得用上20分钟才能走到便宜的商店去。天色已经晚了，四周都黑了。等我到了那里，商店说不定已经关门了。而且，我现在就口渴，孩子们也一样，我要怎么选择一目了然。

不过，一如我对议员们的解释，在2004年，说到金融市场，选择就不那么简单了。事实上，当时的监管结构要求不管你在哪里去找，任何一笔交易都需按照"最优价格"接单。按著名的"穿价成交规则"（trade through rule）规定，对一单已经发布的报价，你不能穿价交易，也就是说，你不能忽视它，而选择其他地方发布的略微高一些的报价。这就带来了一个问题。如果纽交所的价格最好，你就得接受它。这听上去似乎不错，但纽交所的交易大厅就像一个能放慢时间的黑洞。交易速度以数十秒为单位来衡量，而在纳斯达克，交易速度在毫秒级别（如今是5毫秒）。在纽交所的交易大厅，他们真的安排了跑单员带着纸质报价单，在交易员的办公桌之间穿梭。中年男子在交易大厅里慢吞吞走动的画面反映了这一交易系统已落后时代的现实。

比较起来，纳斯达克生态系统不受人类运动能力的限制。如果我看到埃克森美孚（Exxon）在纳斯达克的报价为100美元，我可以立刻执行一份订单，瞬间完成。同一时间，我兴许看到埃克森美孚在纽交所的股价是99.98美元。这一价差，说不定能为我的大订单节省数百美元，但由于后一笔交易是通过现场的人工专家完成的，我只能等待订单得到处理。这段时间里可不会发生什么好事。等到订单最终准备好执行，说不定用相同的价格已经买不到对应的股票了。这就像我拖着孩子穿过高速公路，却发现饮料变得更贵了，甚至还卖光了。任何报价都是暂时性的。市场始终在变化，随着时钟嘀嗒往前走，我很快就会发现自己在亏钱。

客户对确定性的渴望甚至超过了对价格的要求。一如刚从球场里走出来的口渴的家长，投资者想要让交易立刻完成，而不是倾向带有大量不确定性但更廉价的交易。简单地说，当时的监管结构并未提供一条从过去的交易所现场通往电子化未来的通路。为了进入新世界，我们需要新的监管规则。

最后，纽交所的专业人士在信息方面的优势很值得怀疑。这些专业人士具备按专营方式进行交易的能力，但他们不是客观的拍卖员，无动于衷地匹配着报价和要价。他们可以自己下单出价。我从来没当过交易员，但要是我对某只股票的完整订单有独特的知识，还有32秒的信息优势，我肯定能做得相当出色！

2004年，我在参议院银行委员会作证时，给出了毫不含糊的明确信息。"穿价成交规则成了妨碍美国各个股票市场之间竞争的主要障碍，"我解释说，"而竞争是将美国造就为全球最强大市场的幕后推动力，它对大大小小的投资者都最合适，也是对公众负责。"我还强调，市场已经解释了基本的真相："电子交易最适合投资者。"

拟议的监管改革对纳斯达克来说很重要，但我们并未坐等它来扭转局面。收购了INET和BRUT系统之后，纳斯达克顺利地开始在自家的系统上交易纽交所的股票证券。一点一滴地，我们获得了成功，我们的电子交易订单逐渐积累了流动性。如果有客户通过我们下单购买纽交所股票，有时候，我们能立刻从自己的登记库存里填单。只有在自己做不到的时候，我们才会把订单送到纽交所的交易大厅，在那里完成填单。这得益于我们对BRUT的收购，因为这家电子通信网络公司是一家经纪自营商，也是纽交所的会员，有进行场内交易的许可。

那段时间，我们的BRUT高管受邀参加了纽交所的一次聚会，最后还跟纽交所的董事会主席闲聊起来。

"你是哪一家的？"他问我们的交易员。

"BRUT。"后者回答说。

"真有意思。或许我们可以在纽交所开一次聚会，由你的公司赞助，只供应你们的香槟。"

这时，纽交所的一名员工无意间听到了这番对话，他火速把董事长拉到一边，解释说BRUT是纳斯达克的一家电子通信网络公司，跟我们都喜欢的气泡香槟没关系！

抛开被人弄错了身份这段小插曲，纳斯达克下定决心要在交易纽交所股票这件事上参与竞争。随着我们市场份额的增长，我们执行订单的时间缩短，流动性也有所改善。说到底，客户想要进行电子交易。我们希望《全国市场管理规则》能在这个方向上提供巨大的推动力。

今天回头去看，《全国市场管理规则》的待议改动似乎显而易见，它必须要改，甚至不得不改。但在当时，让证券交易委员会的委员们通过该法案是个很伤脑筋的过程。纽交所在华盛顿的影响力很大，它是个强大的品牌。对许多人来说，纽交所的交易大厅就代表了美国资本主义的中心。它是一个国际旅游胜地，从电视上看起来很有气势。我还记得我第一次去那里的情形——拥挤的交易大厅里，人头攒动，交易员们穿着五颜六色的马甲，整个地方有着令人难以置信的活力，一种你已经进入了金融市场最鲜活心脏的感觉。我们提出的改革可能会让它彻底改观，这让人们忍不住踌躇起来，而且很容易理解，这有时还会掩盖我们所争论的优点。纽交所能够把它丰富的历史转化为重要的思想意识份额以及市场份额，它的名字能立刻唤起华盛顿的关注。这位对手的政治影响力和它的商业敏锐度，都让我们肃然起敬。

随着时间的推移，我逐渐能更好地理解主导政策制定者思维模式的动机。在我团队的帮助下，我们投入了时间和精力去说服他们，让他们相信我们的观点，在此过程中，我们跟许多关键政治领导者建立了良好的关系。而且，没错，我们会出资承办竞选筹款活动。政治献金是让你进入华盛顿的途径之一，这是一个不容回避的事实。但是，要是你认为开最慷慨的支票就能万试万灵地带来政治上的有利倾斜，这未免太天真了。主导决策的仍然是所持论点的有利之处。至少，我跟各种委员、国会议员、内阁成员，以及其他构成美国政治阶层的有趣生物唇枪舌剑地相处了15年，经验告诉我是这样。华盛顿有一种粗糙的实用主义精神，这是件好事。

不完美的进步

最终，《全国市场管理规则》废除了非电子市场的穿价成交规则。也就是说，如果证券的发布报价无法通过电子方式访问，你基本上就可以穿价成交。它改变了一切。老爸不需要再穿越繁忙的高速公路，去给女儿买一瓶稍微便宜但很难买到的饮料了。纽交所当时打的主意是，哪怕监管规则有所改变，他们的交易所里仍有大量的流动性，人们仍然会在场内交易。事实证明，他们想错了。

2005年，《全国市场管理规则》业已通过（但尚未实施）后，我再次来到参议院银行委员会做证，并对他们修改规则一举表示赞赏。我告诉他们，我相信《全国市场管理规则》将消除美国股票市场的一项重大障碍，建立起有助于场内交易朝着电子交易方向发展的激励机制。我还相信但没说出来的一点是，这些激励举措会像成吨重的砖头一样砸向纽交所的交易大厅。采用新规则之后，在纽交所挂牌的公司股票交易中，纽交所自己所占的市场份额从80%猛跌至20%。很快，他们就被迫加速转向了电子交易。2005年，他们收购了一家ECN，已经朝着该方向前进了一步，但犹豫不决让他们付出了惨重的代价。在《全国市场管理规则》颁布后的世界，他们再也没能恢复昔日的主导地位。

纳斯达克是这一监管转变的受益者。2007年，我们成为全美国交易量最大的交易所。我们的竞争优势显著增强，不再满足当老二。最终，我们成功地让规则朝着平等的方向倾斜了。现在，我们能够在更加公平的竞技场上跟纽交所和其他交易所竞争了——而且，我们是很棒的竞争对手。自从电子通信网络崛起以来，人工市场第一次不再是全国市场系统的薄弱环节了。此前，人工市场拖慢了交易，交易大厅里的专业人士们凭借其独有的天时地利，尝试执行、匹配本来可以靠计算机处理得高效的订单。

随着《全国市场管理规则》的实施，一度熙熙攘攘、一百多年来数代交易员施展所长的纽交所交易大厅变得安静下来。由速度、运算和自动化定义的新一代交易终于渗透到了华尔街帝国的核心。机器取代了专业人士，一些人对此惊慌失措。在我看来，这是市场转型的自然演变。在这个过程中，我希望让转型变得有利于投资者，增进市场的健康运作，降低各方面的成本。我想说，尽管电子交易在这一路上遭遇了许多波折，但它带来了所有这一切，甚至更多。

我认为，每一项重大的监管新规都会孵化出事前不可预见的市场演变路径，这或许是某种自然法则。每一套新的规则都有意想不到的后果，有好也有坏：它有可能带来合情合理的收益，但也可能遭到利用甚至滥用。堵住一个漏洞，或许会打开另一个。20世纪80年代末90年代初，交易恶棍利用了小型订单执行系统的"黑色星期一"规则变化。21世纪最初几年电子交易网络的爆发得益于1997年一项名叫《另类交易系统监管规则》（Reg ATS）的监管调整。进步从来不是一条直线，但趋势线确实重要。在过去的数十年间，股票市场交易所和交易本身，哪怕存在问题、故障和丑闻，有没有变得更公平、更透明、更廉价、更易于接触到呢？我认为，这个问题的答案是一声响亮的"是"。

《全国市场管理规则》同样符合不完美进步规律。事实上，在新的框架通过之前，我就曾预见到了一些麻烦的问题，主要集中在穿价交易规则仅适用于整个电子市场这一方面[1]。我更愿意看到完全取消它——其中的原因，在接下来的几年里得到了验证。

实际上，《全国市场管理规则》使得交易所的数量激增、导致市场分拆，造就出远比此前复杂的局面。虽然围绕美国证监会即将调整的规则，经济学家、交易员、经纪、机构、银行家、学者、交易所专家和其他许多从业者展开了激烈的讨论、证明和研究，但参与审议的却缺少了一个重要群体：工程师和负责日常运营的人。《全国市场管理规则》是在高度计算机化的交易生态系统中制定并实施的第一套规则，所以，这是一点令人遗憾的疏忽

1　2004年12月8日，我在《华尔街日报》上发表了一篇专栏文章，试图阐明我的担忧。文章名为《数百万的暂时垄断》（*Millions of Momentary Monopolies*），它向公众解释了为什么强制实施"最优价格"在理论上听起来不错，现实中却可能产生问题——长期来看，情况果然如此。

之处。也因为这个原因，人们没能充分考虑到监管新规实施会在日常交易市场的结构上导致什么样的实际后果，也没有充分地思考过这种新结构有些什么样的缺点，什么时候可能会出岔子，在不利情况下有多大的弹性，它将怎样演变。我们开发出了一台很棒的发动机和一台经过精密调整的变速器，但没有足够谨慎地想过需不需要紧急制动。

这一切，将以一种相当戏剧化的方式反过来困扰我们所有人：2010年，股市发生闪电崩盘，超过1万亿美元的市值瞬间失去又恢复。闪电崩盘的确切原因仍存在争议，但很明显，股市更为分散的新结构与此密切相关。交易所激增、连接性增加或许有许多好处，但也带来了新的脆弱性。计算机交易所驱动的负反馈循环带来了人很难理解的危险，就跟那天失控时所冒出来的危险一样。在那次可怕的短暂崩盘之后，清醒过来的股票交易界与美国证监会合作，着手严肃考虑在这一新的交易环境下建立必要的保障措施。我们开发了熔断机制和新的安全功能。我们建立了个股涨跌限制机制，一旦出现巨幅涨跌就暂停交易。我们在交易所的连接中引入了保障措施，为整个市场接种了疫苗，以免任何特定机构或交易池暂时失灵。经过这些改造，今天的股市大有进步，但最初的教训仍然切题：始终要考虑不利方面，让那些最擅长预测不良场景的人参与决策过程。

说到底，任何市场结构都有弱点和漏洞，任何监管都不是万用灵药。《全国市场管理规则》朝着前进道路上迈出了一步，而且是积极的一步。纳斯达克对结果感到满意。事实上，我认为，几乎所有名字不叫纽约证券交易所的交易所，都对新规定感到满意。如果一家企业不能适应变化的时代，它就会落后。但要是监管不适应，整个行业便会衰败。《全国市场管理规则》让股票交易朝着好的方向变化，毫无疑问，未来还将出现更多的变化。如今，新一代的监管机构正在审查市场，过去几年，人们也一直努力对《全国市场管理规则》加以改革。我经常说，今天是正确答案，并不意味着明天仍是正确答案。旧纳斯达克的最后残余正在消失。在自由广场一号的大厅和会议室里，我们开始更多地思考纳斯达克的未来而非过去。我们已经创造了一条监管途径，把整个行业带入未来。

领导力经验

- **别以为自己能超越政治——没有人做得到**。学会将它为己所用，增加自己的竞争优势。

- **游说是教育**。这是一个将重要观点摆到桌面上、让立法者和监管者真正做出明智决策的机会。

- **政治有自己的时刻表**。不要把成功的所有希望都寄托在法律法规的迅速调整上。

- **了解各方利害相关人**。有时候，一家企业有一些非常规的利害相关人，他们对实现成功至关重要：政客、监管者、风投、社区领导者、投资人，等等。尽早尽多地跟他们建立起联系。

07

—◇◇—

当务之急：走向全球

MARKET MOVER

LESSONS FROM A
DECADE OF CHANGE
AT NASDAQ

"纳斯达克以37亿美元收购OMX。"

《华尔街日报》，2007年5月26日

2004年初的一天早上，我走进克里斯·康坎农的办公室。"我有一个疯狂的想法，我想和你谈谈。"

我的交易服务部高级副总裁看着我，表情既谨慎，又充满好奇。"你想到了些什么？"

"我想买下纽交所。"

一方面，克里斯和我已经共事了快一年，我想，他已经开始意识到，一说到纳斯达克的业务，我是不甘居人后永远当老二的。纳斯达克正迅速发展成一种不同类型的组织，我开始考虑怎样通过收购来发展业务。

另一方面，纽交所步履蹒跚。当时离《全国市场管理规则》通过还早得很，但一桩首席执行官薪酬丑闻刚刚撼动了我们的竞争对手，他们的声誉正处于低谷。纽交所最近刚挖来高盛的约翰·塞恩（John Thain）担任新执行官，他的任务是清除纽交所的声誉损害，并为这家老牌交易所注入些积极的势头。我以为纽交所时日无多，至少眼下看来是这样。我知道，早晚有一天，资本主义无情的效率会彻底改变那地方——不管它曾有多么辉煌的历史。此外，随着金融世界越发全球化，我想象到发达经济体的各家交易所之间可能会出现整合。我打算让纳斯达克站在这股浪潮的浪尖之上，而不是被巨浪给卷走。换句话说，这似乎是个突袭的好时机。

就算是在那时，我们也知道此事胜算不大。首先，这必须得到纽交所的首肯，但它答应的可能性很小。百老汇大街上伫立的那栋采用希腊神庙科林斯式圆柱支撑的宏伟建筑总是弥漫着一丝傲慢的气息，这种气息甚至渗透到不少在那里工作的人身上。当然，在某些方面，那是一抹残留的骄傲——当时，纽交所在近两个世纪以来始终是美国最大的证券交易所，它是全球市场的巨人，俯瞰世界历史上最成功经济体的资本形成。可这时候，我们赚到的钱其实比他们要多，即便如此，他们往往把我们看成烦人的暴发户，总是想做自己力有未逮的事情。怀着这样的态度，他们当然不会欢迎对合并的探讨。再说，联邦反垄断监管机构看到纳斯达克和纽交所这两家垄断全国上市业务的双寡头要合并，恐怕也不会坐视不理。尽管如此，命运还是偏爱大胆的人。纳斯达克聘我来，也不是要我缩手缩脚的啊。

克里斯打电话给持有纳斯达克部分股权的银湖私募资本集团，打听融资事宜。他们很喜欢这个主意——如果我们能成功的话——还答应提供资金。我们已经准备好了，但这将是一次友好的收购，一次平等的合并。我们当时还不是上市公司，纽交所也仍然是非营利机构，所以不可能发起恶意收购。我给约翰·塞恩打了个电话，请他跟我见个面。我们选择了苏豪区的一家酒店，以免被媒体看到。毫无疑问，他本来以为这是一次打打招呼式的友好见面。我的真实意图让他吃了一惊（这应该算是程度最轻的说法），并不受他待见。这是一次简短的谈话，我想买下对手的初次尝试就这么结束了。但这不会是最后一次。

事后看来，这也许是最好的结果。很快，纳斯达克就将收购极讯。为进行整合，我们在接下来的一年里都忙忙碌碌。然而，整件事为我唤醒了一种全新的感觉。我意识到，我们必须认真考虑最终将怎样在全美乃至全球的范围内扩张。这似乎是我们命运（我实在找不到更合适的词了）的一部分。在试图收购纽交所的过程中，我可能一直眼高手低，"垂涎得不到的东西"〔这话来自我最喜欢的诗人劳伦斯·费林盖蒂（Lawrence Ferlinghetti）〕，但如果我不固执己见，我就什么也不是。2005年还将出现另一次机会。

黎明突袭

电影《教父》中有这样精彩的一幕：阿尔·帕西诺（Al Pacino）

扮演的角色迈克·柯里昂（Mike Corleone）去拉斯维加斯回购自己家族提供资金的一家酒店。该酒店的经营者莫·格林（Moe Greene）对这一提议感到不快。"你别想用钱让我出局。我要把你买断！"2005年到2006年，纳斯达克与伦敦证券交易所之间发生的一连串事件，常叫我回想起这经典的戏剧性瞬间来。

2005年，时任伦敦证券交易所首席执行官的克拉拉·弗斯（Clara Furse）联系我，向我提出了一个请求：我们能在纽约碰个面吗？她和她的团队想跟我们谈谈。

"你认为她想干什么？"一天下午，我跟克里斯和阿迪娜在办公室讨论战略，我问他俩。

"她想把我们买下来，"克里斯毫不迟疑地回答，"她看到我们低迷的股价，也看了我们的资产负债表。她认为现在我们是待人采摘的果子。"

我认为克里斯是对的。我猜还有一件事在起作用。此前有猜测称，泛欧交易所试图收购伦敦证交所。在伦敦金融界看来，自己处于中心位置，肯定不欢迎欧洲竞争对手的收购。弗斯有可能会竭力阻止他们的提议，以保持独立。这也意味着她想要找一位白衣骑士来保护自己的公司。跟纳斯达克合并可以一举两得。就算不考虑战略后果，此举也将扩大伦敦证交所的规模，让泛欧交易所失去收购的可能性。

伦敦的团队抵达之后，我们坐在一起，弗斯摆出了提案，一如我们所料。她举止优雅，逻辑令人信服。她将纳斯达克和伦敦证交所的联姻框定为有益的"对等合并"，从很多方面来看，事实也的确如此。她列举了两家企业之间的协同效应，阐述了她对将来合并后的全球化公司的愿景，我可以看到其中的吸引力。老实说，我还有点懊恼这个想法不是我提出来的呢。我总是想着比竞争对手快一步，可在这件事上，我却落后了一步。这次会议打开了我的眼界，让我看到了纳斯达克在全球交易所生态系统中的地位。

我思考了跟伦敦证交所合并的可能性，越发相信这有可能行得通。但显然，弗斯认为，交易完成后，伦敦证交所将发挥主导作用。大多数此类交易都会分析两家公司对合并后收入损益表的贡献比例。根据这些数字，一方通常会获得未来公司更多的股权。在她想来，伦敦证交所可能会对这笔交易贡献更多的未来利润，自然该是占主导地位的合作伙伴了。虽说她可能真心构思的是"对等合并"，但套用乔治·奥威尔（George Orwell）的话来说，总有些公司比别的公司更对等嘛。

然而，剧情出现了一个有趣的转折。因为这年早些时候收购了极讯，我们不光从交易中获得了大量额外收入和市场份额，还有望通过两家公司的合并节省巨额成本。所有这一切意味着我们的预期收入和利润比最近的收益报表所显示的要高得多。我们的股价尚未反映改进后的全新纳斯达克，但它很快就会的。市场估值尚未将收购极讯带来的协同效应计算在内，这样的交易我可不做。

那次会议进行到某个时刻，我摊出了纳斯达克的最新预测。这些数字以及随后双方团队所做的分析显示，等到合并完成的时候，纳斯达克的损益数据会比伦敦证交所要大，故此，是我们对合并后公司的未来收入贡献更大。基本上，这也就意味着不是伦敦证交所收购我们，而是我们买下伦敦证交所。

得知伦敦证交所不会成为优势合作伙伴之后，弗斯对对等合并的热情神秘地消退了。事实上，我们甚至没法让她接听我们的电话了。然而，这笔交易的逻辑仍然很让我动心，我很高兴弗斯把这个设想带入了我的视线。合并后的公司将能够在泛欧股票交易中发挥非凡的领导作用，并成为占主导地位的全球上市机构。

像纽交所一样，伦敦证交所也有一段传奇的漫长历史：它是资本主义最初和真正伟大的中心，可一路追溯到伊丽莎白一世的时代。它不折不扣是老派精英交易所的时代缩影：有着壮观的会议室、令人难以置信的酒窖，不同级别的人有相应的费用报销待遇，官僚主义盛行，它完全是为了另一个时代设计的。而这样的交易所，始终是纳斯达克以及我们所支持的效率和技术变革的快乐狩猎场。给我展示一家具有这些特点的交易所，我就能让你看到一家我们有能力改造和重建、解锁其无穷价值的企业。纳斯达克和伦敦证交所的潜在合并具备了所有这些诱人的要素。我们可不能就这么把它放掉。

2006年3月，我们主动提出以24亿英镑或每股9.50英镑的价格收购伦敦证交所，这比伦敦证交所的市价高得多。对纳斯达克而言，这一出价具有重大商业意义，但对我个人而言，这其实是迈出了开弓没有回头箭的一步。说到底，我加入纳斯达克才3年，考虑到当时的情况，我们能这么快就来到能展开这样大规模收购的地位，简直不可思议。纽交所是我们的老熟人——毕竟，它跟我们同在一条华尔街上。可伦敦证券交易所却来自另一个国家，另一种文化，另一段历史。

我跟纳斯达克董事长鲍迪·鲍德温一道前往英国，去跟伦敦证交所当时的董事长克里斯·吉布森-史密斯（Chris Gibson-Smith）会面。一开始，这次提案也走了火。鲍迪·鲍德温在深夜给吉布森-史密斯打去电话，在伦敦这样更为传统的商业文化里，这么做显然大为失礼。24小时全天待机的世界显然还没有越过大西洋。国际交易的世界总是布满了文化地雷，任何时候都得谨慎行事。

最终，我们在伦敦证交所的办公室会见了吉布森-史密斯和弗斯，并提出了我们的报价。弗斯痛苦的表情表明她从一开始就很反对。我们与吉布森-史密斯的关系更融洽，但到了那天快结束的时候，他似乎对这笔交易也不那么热心了。伦敦证交所董事会立刻予以拒绝。我们认为自己的出价很慷慨，但他们宣布它"大大低估了"交易所的价值。

我个人的看法是，伦敦证交所董事会断然拒绝我们的报价，损害了股东的利益。我理解人们不愿被收购的心情，我对纳斯达克也有同样的感受，我认为自己每天所扮演的负责任的长期管理者角色，其任务就是执行商业计划，尽全力取得成功并保持独立。但要是有人向我发出认真的竞购邀约，我也知道我应该切换成股东受托人的角色，对出价进行恰如其分的掂量。作为管理层，你并不拥有公司；拥有公司的是股东，你为股东工作。我感觉伦敦证交所的人没有履行这一职责。

所以我们直接去找股东。第一次出价遭到拒绝后，我们绕过了董事会和管理层，发起了一轮主动收购。2006年11月，收购意图被泄露给媒体的时候，我们正在跟纳斯达克的高管团队开场外规划会议。一分钟前，我们还享受着相对平静的周末，我们研究策略，共度社交时光。紧接着，我们就全上了新闻。等我们着手跟银行家们计划下一步行动时，活动的调子突然改变。11月20日星期一早晨，我们发起了一场在并购界被称为"黎明突袭"的行动。我们开始用纳斯达克的现金在公开市场上购买伦敦证交所的股票，并发表公开信宣布了我们的意图。

此后的几个月里，我们试图进行的收购经历了几个阶段，其中许多阶段是因为英国收购与合并委员会（UK Panel on takeover and merger）所制定的明文规定而不得不走。我们收集了伦敦证交所的大量股份，占了他们30%的份额（我们至少需要50%的股份才能获得控股权），还设法让伦敦证交所的几家最大机构股东把股份卖给了我们。到这时候，我们支付了很高的溢价，大约是每股12.50英镑。在类似那样大规模的潜在收购一触即发时，许多大型对冲基金也会入手伦敦证交所的可观股份。它们对伦敦证交所没有长远兴趣，但希望抬高价格，赚些快钱。

当时还相对没什么名气的投资者约翰·保尔森（John Paulson）就属于这批新股东（日后保尔森因成功做空美国房地产市场出了名），此外还有纽约另一位对冲基金经理萨姆·海曼（Sam Heyman）。我很高兴地得知，只要穿过华尔街，我就可以跨越大西洋，追逐自己的抱负，这就是金融的全球性质。我让他们两个都参加了一系列会议，希望买下他们的股份，让我们获得超过50%的份额（我觉得有趣的地方是，他们给出的价格都一样。以前有人告诉过我，对冲基金总是成群结队地来）。具有讽刺意味的是，这两位本质上专注短期的对冲基金经理，不约而同地试图说服我"从长远考虑"，不要担心高价买入他们的股票。

支持我们竞标的银行宽慰说，他们将借给我们必要的钱，以满足保尔森和海曼的要价。起初，一想到伦敦证交所的控制权落入我们手里指日可待，我便兴奋不已，我们只需要一口气冲到底就好。实际上，获得资金这么容易，让我颇感吃惊。那是一段信贷唾手可得的时期（从今天的视角看过去，这似乎流露出了一些不妙的气味）。但我们越是考虑这种前景，它的吸引力就越小，直到最后，我们判断，要价实在太高了。我们放弃了竞标，就在咫尺之外。我们给自己设定过愿意支付的最高价，而现在，我们已经超过了它。我知道，是时候放手了。从收购极讯开始，我们资产负债表上的杠杆就够高了，没有任何缓冲。我不希望我们账上的负债太多。事后看来，我很高兴自己做出了那个决定。当时距2008年金融危机爆发只有一年多时间了，在该商业周期的最高位承受那么大的债务，很可能是个灾难。虽然我对将要发生的事情没有特别的先见之明，但我明白，过度的杠杆会带来真正的风险——不管这些风险看不看得见。

无关个人

从一项你已经追求了几个星期、几个月甚至几年的交易旁放手走开，从来就不是一件容易的事。在那样的时刻，你很容易就能憋着一口气跑到终点线，因为你已经跑了那么远了。经济学家称之为"沉没成本谬误"，也就是把已经投入的大量无法挽回的时间和资源视为进一步投入的理由。它不合逻辑，但人们很容易掉进这个坑。你会想到所有无法弥补的不眠之夜、压力和时间。也许你付出了比计划中更多的钱，放弃了一些你列在不可协商清单上的项目，做出了超乎预期的妥协。但有时候，这并不是正确的选择。

毫无疑问，我们真心爱过伦敦证交所这笔交易。它符合我们的战略方向；它像是桌面上最好的选择，但我们不是非得那么做。我们并没有那么着迷；我们知道自己还有其他的战略选择。事实上，唯一一桩我觉得必须做的收购是极讯，伦敦证交所只是一种选择，不是非做不可。在这种时候，知道两者的区别很重要。

同样有助于我保持头脑清醒的一点是，我知道这无关我个人。诚然，我对自己追求的每一笔交易都有所投入，但归根结底，那是生意。交易的成败并不反映我的领导能力。我努力采用一种从风投界学到的态度。风投们预料到，十项投资九项败，所以，他们学会了从容应对挫折。相比之下，历年来我的一些谈判对手，似乎把这些交易视为生死攸关的斗争。未经邀约就主动发起收购，是对个人的侮辱；被人买断出局，是个人失败的象征；一项交易启动却未能完成，是件令人羞愧的事情。而在高调的公开收购中，媒体有可能会煽风点火。

财经媒体非常详细地报道了伦敦证交所的故事（尤其是在伦敦），对那些试图收购英国关键资产的"门外野蛮人"略有些歇斯底里。对纳斯达克来说，这是个挫折。但它确实产生了一些积极的结果，这是一次真正的学习经历。第一，我学到了很多关于欧洲收购规则和该地区商业文化的知识，我将在下一次的收购尝试中有效地应用它们。第二，我们最后卖掉了伦敦证交所的股份，获得了可观的利润——将近4.31亿美元！我跟自己的管理团队开玩笑说，说不定我们是2007年美国最成功的对冲基金呢。

玩笑归玩笑，对没能有机会用纳斯达克的形象重塑伦敦证交所，我还是有几分失望的。但我可没空把时间浪费在担心兴许会发生的事情上。纳斯达克全球扩张的需求始终是一个迫切的问题，我们的注意力很快转移到了地图上的其他地区。最符合我们收购利益的交易所应该是这样的：它符合纳斯达克的强项，能提供强大的协同效应和储蓄，可将我们的业务扩展到相邻领域，只不过，在技术和业务效率上比纳斯达克落后一步。换句话说，这家交易所能同时降低我们双方业务的成本，增加真正的价值。很快，我们的注意力就锁定了一个目标。

更凛冽的气候，更温暖的谈判

我第一次听说北欧交易所集团OMX，是在跟它的首席执行官马格努斯·博克（Magnus Bocker）喝了一杯（要不就是三杯？）香槟之后。他在纽约为潜在客户组织了一次品酒活动，我们很快就联系上了。博克从来不是个做事不专业的人，他请了全世界最著名的香槟专家做当晚的向导。至于博克本人，他热情、迷人，富有魅力。从那个晚上开始，我们建立起了一段长久的友谊，他的公司OMX也引起了我的关注。我观察得越多，就越觉得有兴趣。

这里，是斯堪的纳维亚地区近来经股份改造后多家交易所整合在同一个屋檐下的集合，一个我们熟悉的行业；这里，是发挥我们技术优势、在交易所技术业务里占主导地位的全球品牌；这里，是跟纳斯达克产品线的外延协同业务，及其衍生品的交易所和清算所；这里，是一笔有利可图的生意，但经营情况又没好到让我们无法从合并中获得更大效率；这里，是一家不光在欧洲，也在遍布世界各地、采用OMX技术的交易所里都有深厚人脉的公司。纳斯达克跟OMX合并，逐渐显得像是个绝佳的机会。

从一开始，谈判就友好而专业，股东价值是议程的重中之重，跟之前我们与伦敦证交所的合并尝试形成了鲜明对比。我们商定了37亿美元的价格，比我们宣布合并时的股价高出19%。博克答应来纽约担任合并后公司的总裁。所有的主要股东都给这桩交易亮了绿灯。我们还得到了OMX主要投资者的积极背书，包括最重要的瑞典股东Investor AB，它是瓦伦堡家族的投资部门。在纳斯达克，我们对这桩交易大感兴奋。尽管两国都存在有待克服的监管障碍，但我们相信，它会通过的。

出于许多原因，这对纳斯达克来说是一场胜利。证券交易所的世界正在发生兼并：地方交易所走向区域化，而区域交易所变得全球化。OMX就完美体现了这种趋势，它刚收购了自己区域的大部分交易所——包括芬兰、冰岛和丹麦的交易所。我们希望在这一趋势里抢得先机。

在品牌方面，我们希望保护自己的上市业务。当时，有4家股票交易所拥有强健的全球上市业务，分别是纳斯达克、纽约证券交易所、伦敦证券交易所和香港证券交易所。纽交所刚刚与总部位于巴黎的泛欧交易所（Euronext）达成了一桩交易。泛欧交易所本身是由巴黎、布鲁塞尔和阿姆斯特丹交易所之间的一系列合并和收购形成的。对我们来说，这引发了竞争考量。如果想要进行IPO的公司把全球足迹列为自己的重要心愿，那么，纳斯达克就必须满足这个愿望。

更重要的是，对纳斯达克旗下现有的一流公司（如微软、谷歌等），我们必须保住自己的竞争地位。如果这些大型科技公司开始重视有着全球性人脉的上市交易所，我们可不希望落在后面（后来的事实证明，这种恐惧并无根据。覆盖全球确实是关键，但基本上，公司还是在本国交易所上市，而投资者从世界各地也都可以接触到它们。当然，也有一些例外，中国公司经常争取获得北美的投资资本，以色列公司也喜欢在美国交易所上市）。

OMX还是交易所技术业务无可置疑的领导者——它向世界各地的交易所出售技术。随着全球新兴市场发展出自己的交易所，此举有望让我们主导下一波技术升级浪潮。这种高利润的软件和服务很有前途。碰到我们的一些投资者和员工不太理解它的潜力，我十分吃惊。"你要把它当作交易的一部分卖掉？"他们会问我。为什么我会卖掉一项处在我们最佳战略位置、有着巨大潜力、利用了我方技术、有着超高利润率的业务呢？

在我们的会议过程中，OMX的文化对我也是个鼓励。乍一看，它太官僚化了——大量的委员会、人员超编、分析没完没了，决策过程以达成共识为导向，时间长得可能会叫人感到沮丧。但我们发现了一些比预想中更昂扬、更具创业精神的元素。在收购不同的区域交易所之前，他们是以外行人起家的"新贵"，文化基因里仍然保留着一些这样的活力。在整个组织里，我们发现了一些极具天赋和创新精神的人。他们最早的创始人奥洛夫·斯坦哈马（Olof Stenhammar）在美国商界修炼武功，等回到斯堪的纳维亚半岛创办OM期权交易所时，他引入了部分美国商业价值观。他们的创业基因埋没了，但基本的蓝图还在。

总而言之，这次合并有着令人兴奋的前景，对纳斯达克的全球化雄心来说是前进了一大步，也让我们朝着成为一家真正国际化的企业迈出了意义深远的第一步。2007年5月，我们公开了这桩交易，各方欢欣鼓舞。这是在股票市场的天堂（或许，我该说是英灵殿），这是一桩门当户对的结合。

然而，一通来自迪拜的电话让它走向了破裂。

国际交易里的冒险

迪拜证券交易所（Borse Dubai）是由阿拉伯联合酋长国政府控制的交易所运营商。2007年8月，也就是我们最初宣布收购的两个月之后，他们对OMX发起了收购，估值比我们的出价高14%。克服了一开始的惊讶和愤怒后，我着手去了解他们对OMX产生兴趣的实质。经过仔细观察，我发现一部分来自企业竞争，一部分来自家族角力。OMX的创始人奥洛夫·斯坦哈马有两位门生（说成儿子亦可）——马格努斯·博克和佩尔·拉尔森（Per Larsson）。1996年，斯坦哈马出任董事长后，拉尔森担任了7年的首席执行官。他跟博克既是朋友，也是竞争对手。2003年，博克接替了拉尔森的职位。拉尔森后来成为迪拜证交所一家子公司的首席执行官，恰恰就是试图以高于纳斯达克出价收购OMX的那家企业。我们不光陷入全球权力斗争的战火，还卷入了当地王朝的对抗。

除了家族动态之外，他们为什么有意竞标呢？有什么商业论证吗？他们的态度严肃认真吗？有没有可能达成三方协议？出于尽职调查的考量，我立刻飞往斯德哥尔摩，说服有关方面相信纳斯达克与OMX合并价值更高，此外，我还启动了跟迪拜的秘密沟通，希望见面谈判。我们商定在伦敦碰头。

　　我邀请住在伦敦的纳斯达克董事帕特·希利加入谈判团队，以增加我们的国际经验。我第一次着手接触中东生意，担心不小心陷入文化地雷阵，但事实证明，我的担心毫无根据。迪拜方面的高管艾萨·卡兹姆（Essa Kazim）和苏德·巴阿拉维（Soud Ba'alawy）都是受过高等教育、聪明、有抱负的商务人士，我们的谈判从一开始就建立起相互尊重的基调。跟他们见了几次面之后，2007年9月，我们在希思罗机场附近的一家酒店进行了长达72小时的马拉松式会谈。桌面上的交易是这样：迪拜集团成为新合并的纳斯达克-OMX公司的大股东，并对某些国家的交易所技术业务获得所有权，同时持有纳斯达克手里伦敦证交所股票的一部分。纳斯达克也对刚成立的迪拜国际金融交易所（Dubai International Financial Exchange）持有部分利益。总而言之，这是一轮复杂的谈判。有时我感觉像是在玩一场冒险游戏，穿梭于会议室之间，瓜分世界。阿迪娜表现得得心应手，耐力非凡，娴熟老练地周旋于复杂的三方交易之中。

　　像这样的谈判，有可能在许多方面出问题。我拟定了一套对自己很有帮助的私人规矩：

1. 不在倒时差时做重大决定。碰到重要决定，一定先睡好觉再说。好多次，答案总是在清晨的阳光下自己显现。

2. 设身处地为对方着想。良好的谈判有一部分是了解和欣赏对方想从交易中得到些什么，进而朝着双赢的方向努力。

3. 记住，永远不要非黑即白。在做交易的过程中，总有一些灰色地带，跟复杂局面角力是你工作的一部分。要是它很简单，你也不会领到丰厚的薪水了。

4.确认关键事实。桌面上说不定摆着50个事实，但你必须找出哪些最为重要。聪明人总能想出越来越多的相关事实，但优秀的谈判者能识别出哪些事实占主导地位。

等到那个星期过去一半的时候，我们终于谈妥了交易的基本组成部分。我们知道这个消息瞒不了多久，所以决定飞往斯德哥尔摩，马上公开宣布。我们的公关团队召开了新闻发布会，该地区的每家媒体都立即答应赶到现场。在瑞典，这是一桩大买卖，会被当成全国性重要新闻加以报道。

看着济济一堂的记者，我又一次以为这长达数月的过程总算来到终点线了。但当我拿起麦克风，发言完毕，开始回答观众问题时，冷不丁冒出来一个曲线球式的提问。一名与会记者问道："你对卡塔尔的投标怎么看？"

什么？卡塔尔的投标？这家伙在说什么？我心想。他们弄混了卡塔尔和迪拜吧？很明显，卡塔尔和迪拜是不同的地方，但当时我正处在睡眠不足的状态，我承认，有一个瞬间，我糊涂了。

事实证明，记者和我的地理常识都没出错。刚刚《华尔街日报》发表了一则报道，说卡塔尔投资局正在竞购OMX。他们甚至已经买进了股票，还敦促OMX董事会暂时不要敲定任何事情。突然之间，纳斯达克和OMX仿佛陷入了中东两大竞争对手的冲突之中。

我又累又怒，不知道这一次是否注定一无所成。我们已经和迪拜团队谈判了3天，就在胜利的那一刻，果实却被来自卡塔尔的新发展给摘去了。我知道，以目前的身体状态，我没法对这个新信息做出恰当的回应。不要在没睡觉的情况下做出影响深远的决定。我只想回到纽约的家里，重新充电，盘算下一步该怎么做。

令人筋疲力尽的交易和反交易旋风、针锋相对的谈判、冷漠的酒店房间、睡眼惺忪的全球跋涉……在这一轮疯狂经历行将结束的时候，我和阿迪娜一起前往斯德哥尔摩机场。在过去的几天里，她做了大量惊人的工作，是一位可靠、聪明的谈判员，更是一个值得信赖的顾问。我们当时的样子，现在只能靠想象了。互道再见时，一股瞬间的情绪抓住了我们。她哭了起来，我张开双臂想拥抱她表示安慰，却意识到我的眼泪也流了下来。归根结底，虽说交易不针对个人，但我们始终都是人哪。

在这样的时候，我经常想起所谓"高管健康"（executive fitness）的重要性。做生意是一场马拉松，而非短跑，要想在马拉松比赛中成为领先的跑者，在精神、情感和身体上都需要非同寻常的健康。熬夜、漫长的加班、国际旅行、紧张的谈判、压力重重的局面……所有这一切都是工作的一部分，不可避免地向人们索取代价。只要有可能，尽量减少生活其余部分的分心和压力，这能有所帮助。稳定的家庭生活非常重要，同样重要的还有保持健康，保持活力，跟所爱的人共度美好时光，获得足够的休息和放松。成为领导者不仅仅需要才能，还需要大量的精力和耐力。我的高管团队具备所有这些特质，能跟他们在漫长的征途里并肩奔跑，我很自豪。

和一支紧密团结的团队努力工作实现共同的目标，是人生和生意场上的一大快事。人们运用自己的所有天赋和能力一起完成某件事，再没有什么能带来这样强烈的承诺感和同志情谊了。在极端艰难、应对挑战、艰苦工作或共同牺牲的时刻，尤其如此。OMX交易谈判无疑是这样一个令人难忘的瞬间：整个团队建立了深厚的感情，缔结起持久的关系。我为我们取得的成就自豪，但我更感激与我共同走过这段旅程的人。我愿意认为，正是这些在全球交易的战壕里经历过的战火洗礼，帮助阿迪娜获得勇气，把她造就成一位了不起的领导者。十年后，她成了纳斯达克可敬的首席执行官。

终点线

在这种情况下，我的判断是，完成我们已经开始的工作仍然合乎情理。我径直去找了Investor AB。作为一家股东持股的上市公司，OMX必须尊重卡塔尔的投标。但我也相信，他们更偏爱纳斯达克–迪拜的收购邀约。双方经过一些艰巨的谈判，出价也有所提高，但我最终代表Investor AB的博尔耶·埃克霍尔姆（Borje Ekholm）达成了一项协议，对卡塔尔集团构成了巨大的挑战。我们谈判达成了一项结构性协议，Investor AB答应投票支持纳斯达克的投标，只要报价双方的价格差异在一定范围内。这就锁定了他们的股份（除非卡塔尔给出超级溢价），确保他们支持我们的邀约。最终，卡塔尔集团放弃了对OMX的投标，卖出了所持股份。

我们通过了国家安全测试，迪拜获准持股纳斯达克。纳斯达克将受益于一位全球合作伙伴。我们的新名字将是纳斯达克–OMX。由于OMX跟全球六十多家交易所建立过客户关系，我们的员工人数一夜之间增加了一倍多，全球业务也成倍增长。如今纳斯达克在六大洲都有了业务。我们留下全球足迹的愿望无疑已经实现了。我将合并后的公司描述为全球最大通过技术连接的交易所及交易所客户网络。

不利的方面是，我们为收购OMX付出了可观的价钱，在竞购战中损失了一些价值。我们同时用现金和股票买了单。收购OMX这一决策，在当时看起来甚为积极，但在接下来的几年里，随着市场的低迷，我不得不以更具批判性的眼光看待合并后的收益。不过，就业务而言，长期胜过一切，随着时间的推移，纳斯达克-OMX的合并成为我们成功的基石。

纳斯达克正成为一家重要的软件和服务企业，效力各个国际交易所，这是一个真正全球性的增长市场。OMX向纳斯达克输送了来自世界各地的优秀员工，也让我们受益匪浅。没有OMX，这一切都不可能实现。现在我们要做的便是让这段婚姻真正运转起来。

就我个人而言，OMX的合并对我来说是一次启蒙。这是我第一次深入参与国际交易——何其艰难的尝试啊。正常冒险持续了一年多，当故事降下帷幕，我感觉自己和刚开始的时候成了一个完全不同的人。一路上，在国际阴谋、欧洲政治、中东权力斗争、对冲基金冒险策略和恶意收购投标的大戏里，我把那个来自皇后区的愣头儿青小伙子远远抛在了身后。我自己最清楚意识到这一点的瞬间是，有一天，在我们迪拜新合作伙伴的陪同下，我驱车沿着一条两旁都是孔雀的大道，前往谢赫·穆罕默德殿下（Sheikh Mohammed）

的宫殿与他会面。纳斯达克成了全球性大玩家，在某些方面，我猜自己也是。

领导力经验

· **交易无关个人。**人很容易沉迷于谈判自带的跌宕起伏的戏剧色彩，但它会妨碍你做出明智的判断。

· **公司付给你钱不是贪图你做事缩手缩脚。**你没法在每一笔你瞄准的交易里都获得成功，但在生意场上，至少在某些时候，你必须大胆一试。

· **任何问题都不是非黑即白的。**最优秀的生意人会努力看到交易的方方面面，理解对手想要赢的是什么。这样的人深明复杂之美，他们愿意有所妥协，找出通往可行结果的道路。

08

—/\/\/—

与成长角力

MARKET MOVER

LESSONS FROM A
DECADE OF CHANGE
AT NASDAQ

"纳斯达克以6.52亿美元收购费城证券交易所。"

《华尔街日报》，2007年11月7日

儿子们小的时候喜欢打保龄球。茉莉娅会带他们去当地球馆，滚动出球，击倒木瓶。我从来都不是保龄球爱好者，但我学到了很简单的一课：瞄准中间的木瓶，略微偏左或偏右更好。多年后，我发现自己对高管团队重复着相同的指令。只不过，这一次，保龄球馆变成了风险高得多的并购游戏。

在评估一桩潜在的收购时，我告诉团队，务必要保证我们不会偏离自己的现有优势（包括交易处理、高效运行的交易所和交易技术）太远。我觉得通过收购来扩张挺不错，但我不希望纳斯达克变成一个业务几乎毫无关联的分散组织集合。我希望我们发展，但不希望它随意发展。我看重整合和校准，而一旦有了规模，这两件事会变得更难。瞄准木瓶阵列中央偏左或偏右一个瓶，这没问题。可随着时间的推移，我们的甜点（sweet spot，也称甜区，专指能量转化最有效率的区域。）会不断扩大。我们应当非常小心，不要击倒框架之外的木瓶。要不然，我们很快就会落入艰难处境。

这并不总是个受欢迎的方法。在当时的金融市场，股票业务（也就是我们的核心保龄球瓶）并不是最热辣的，衍生品风头更劲，因为它们是利润率更高的业务。未免有读者不熟悉衍生品市场，这里我多做一句解释：我所说的衍生品市场指的是交易建立在标的资产"衍生品"价值上的契约的交易所。大豆期货交易就是一个例子。期权也是基于标的股票价值的衍生品。芝加哥商品交易所（Chicago Mercantile Exchange）和洲际交易所（Intercontinental Exchange）便是美国最著名的衍生品交易所（过去是，现在仍是）。当时，它们的成功给我们带来了压力，迫使我们扩大业务，以便在这些市场上竞争。我并不反对衍生品，但不想去追逐远离纳斯达克核心竞争优势的业务的利润率。我和团队在公司战略上纪律性很强。

在《从优秀到卓越》一书中，吉姆·柯林斯明智地论述了怎样利用收购来建立一家卓越的企业。他的一条关键建议是，要小心别把收购看成消遣或拐杖，或是一种"通过多元化以摆脱麻烦"的途径。他注意到，真正实现从优秀到卓越转变的公司能够利用收购来强化已经确立的、成功的、有纪律的战略。这就是我们在纳斯达克采用的方法。我们知道自己的核心业务和基本优势。收购是我们在这些领域建立势头的一种方法，而不是因为收购反倒一头扎进在我们专业领域之外、完全不熟悉的业务。

2007年，我们收购费城证券交易所（Philadelphia Stock Exchange，简称Phil-Ex）就是这一战略的完美例证。费城证券交易所实际上是美国最古老的交易所，成立于1790年，是美国的第三大股票期权交易所。它正处在我们的甜区，离中央只偏离了一个保龄球瓶。当费城证券交易所的股东决定要么上市，要么卖掉交易所的时候，纳斯达克、纽交所和其他几个交易所财团之间展开了竞购战。我们抢在了前头。我们为这次交易支付了6亿多美元，远比竞争对手要多，但我对我们获得的价值很有信心。

何以如此呢？我们事前做了功课。首先，我们已经在内部尝试了股票期权，故此，可以从内向外地了解业务。其次，我们采用了成熟的分析方法（用今天的术语来说，就是"大数据"），深入了解了费城证券交易所的市场。在竞标战中，知识就是力量。在我们的模型里，费城证券交易所展现出的是一个远比竞争对手们意识到的更强大、更深入的市场，故此，我们给出了更高的投标价格。

我在纳斯达克任职期间，我们进行了四十多次收购。有些是为了技术（如收购极讯），有些是为了全球扩张（如与OMX合并），有些是为了进入相关市场（比如收购费城证券交易所），还有一些是为了市场份额（比如BRUT）。我坚持认为，我们所完成的收购必须在第一年年底前增加我们的每股收益（EPS）。它们帮助纳斯达克成长为一家占主导地位的全国性交易所，以及一家重要的全球性交易所。我们为自己做得圆满而感到自豪，在整个过程中，我学到了很多。不过，这其实也延续了我成为纳斯达克首席执行官之前很久就接受过的一种教育。我的前雇主SunGard主要是通过收购建立起来的，这打开了我对收购潜力的眼界。离开该公司时，我收获满满。我带着这些知识来到纳斯达克，并得以磨炼技艺，在更大的层面上检验它。随着时间的推移，我和我的团队成为这一主题（尤其是针对其他交易所的时候）的真正专家。在早期，我们尤其擅长将臃肿、手工、人力密集型交易所转变成快速、精简、高效、可扩展、以技术为中心的交易企业。后来，我们开始专注以技术为基础的收购。

我把这一战略称为"利用母舰"。我们已经开发了现金股票领域的顶级技术平台。现在，我们可以通过收购其他交易所，将它们整合到纳斯达克的交易业务中，利用我们可观的技术专业技能，以及对交易所业务的深刻理解，把这套技术平台的优势利用起来。事实上，在2007年到2008年这忙忙碌碌的一年里，除了OMX，我们还收购了3家交易所——波士顿证券交易所、费城证券交易所和北欧电力交易所（Nord Pool）。

收购是纳斯达克发展战略的关键组成部分。我们的效率部分地取决于我们技术的熟练程度，而后者又有一部分在于我们的纪律。但我也相信，我们的一些成功可以归功于我们理解机遇、缓和收购相关风险的能力。收购可以为一家公司带来巨大的价值，加速其发展，但收购也伴随着不可避免的风险和潜在的雷区。

评估收购：风险四要素

我认为，在考虑任何一项收购的风险回报状况以及有效整合新收购公司的潜在挑战时，至少有4个因素必须斟酌。

1. **核心业务风险**。拟收购项目跟自己的核心业务离得越远，风险越大。这没什么好奇怪的，但必须严肃对待。对纳斯达克来说，股票交易所显然位于我们的甜区。这是我们的业务，我们很清楚。如果离开这一业务，比如说，转向新颖的金融工具，或其他类型的非股票衍生品，就会增加收购的风险。我们没有足够的内部情报对这些业务进行同等准确的评估。没错，这样的收购有可能行得通，只不过，你的收购目标越是远离你的核心业务，你所承担的风险就越大。

2. **地理风险**。拟收购项目离自己的地理中心越远，风险越大。当今的商业世界是全球性的，通信技术让我们更紧密地联系在一起，但地理位置仍然是一个需要谨慎考虑的因素。与收购一家城市另一端的企业相比，买下一家客户来自千里之外、位于不同大陆的企业显然更加复杂，风险更大。这并不是说地理位置不同的组织合并后就无法顺畅地运转。虽然纳斯达克跟位于北欧的OMX之间的合并取得了巨大的成功，但我完全意识到了距离带来的越来越大的风险和挑战。

3. **文化风险**。跟拟收购目标的文化差异越大，风险越大。文化至少有两个方面是必须考虑的：特定公司内部的企业文化，以及围绕特定公司的当地文化。在收购中，一家公司往往最终会接受一种非常不同的企业文化。这就会带来潜在的问题。太过努力地想要将两种截然不同的企业文化结合起来并保持平衡，只会招来麻烦。显而易见，改变企业文化并不像打开开关那么容易，但作为一般性的规律，我认为，公司需要拥有一种占主导地位的企业文化。很多时候，收购方需要强制推行自己一方的文化，以确立清晰的原则和期待。这应该在收购之后尽早完成。什么样的企业文化占主导地位，我们应该没有太大困惑，但在说到当地文化（也就是公司所扎根的国家或地区传统）时，应该对这一建议多留个心眼儿。步子不要迈得太大，以免扼杀当地文化的独特风味。那些事情都很自然，也十分重要，没有理由不为它们腾出空间。我很高兴，OMX团队找到了表达当地文化的方式，而且它在很大程度上独立于我们着手建立的企业文化。

4. **规模和人数风险**。拟收购目标的规模越大、员工人数越多（相对于己方公司而言），风险越大。规模等同复杂性，其中大部分来自人数——人的数量越多，需要处理的问题也就越多。但大多数情况下，规模也意味着活动会扩展到更多的业务、更多的地区、更多的市场，等等。如果被收购的公司比你自己的公司大，你还需要考虑应对更多员工所需的管理基础结构的成本和复杂性。这也意味着文化上的不匹配必然会更难调和。如果一夜之间你的员工翻倍，切莫低估整合公司的需求。从非常真切的意义上说，规模和人数加剧了其他的风险，它让所有事情都变得更加困难和不确定了。倒不是说这么做不值得，而是说，在任何场景下，收购一家公司的风险都会随着该公司的规模和人数而逐级上升，因此务必要保证相应的潜在回报是值得的。

在纳斯达克进行每一项重大收购之前，我都仔细权衡过所有这些风险。它们帮助我评估收购具体的公司是否明智，也帮助我展望未来道路，为交易完成后所要面临的挑战做好准备。当一轮像OMX交易这样漫长而艰巨的谈判终于结束后，人很容易长出一口气，拍拍自己的胸口。但真正的工作还没开始呢。太多公司进行了合并，但从未真正完成成功的整合。没有整合这一额外元素，你就无法获得合并带来的全部好处。我总是发现，为了让员工接受合并后新公司的愿景，并从更高的投入度中受益，你必须开始"感觉"它像是一家公司（而不是两家）。要不然，你永远无法获得不同团队的高度"接受"。这需要在整合上真正下工夫。它需要清醒的领导和聪明的管理技巧。对OMX的整合，让我在商业生涯各个阶段所学习到的所有知识经历了一场真正的考验。

寻找维京人

"马格努斯，我们需要找到你团队里的维京人。"

OMX前首席执行官马格努斯·博克轻松地笑起来。"那里就有一个。"

他指着刚刚在第六洞上摆好球的汉斯–奥勒·乔姆森（Hans-Ole Jochumsen）。此刻已是午夜时分，高尔夫球场上的光线却分外明亮。我们在冰岛开了几天会，纳斯达克和OMX的高管们全都出席，着手两家公司的合并后计划。纳斯达克–OMX公司实际上拥有冰岛证券交易所，它似乎是召开高管会议的理想场所。由于靠近北极圈，冰岛有一种独特的夏季运动机会。在这个"午夜太阳的国度"，人很容易长时间工作，因为充足的光线一直持续到深夜，晚间高尔夫也是一项受欢迎的活动。

"好的，很棒。这是一个，开了个好头。"我笑着说。马格努斯似乎总是比别人更能带出我轻松的一面。

我所说的"维京人"指的是OMX公司里热情、竞争心强、愿意接受变化、想要拥抱纳斯达克模式、跟我们一起迈向未来的员工。一夜之间，我们变成了一个更大、更多元化的全球性公司，我知道在文化层面进行整合至关重要。一如我刚到纳斯达克的几个星期，我跟北欧的团队见了面，传达了准确无误的信息：我们要重塑文化。新的企业文化是努力工作，关注绩效、精益、高效、盈利，以增长为导向。我告诉他们，我们会尊重他们的本土文化，但纳斯达克会定义企业文化。我明白，对一部分员工来说，这不是他们想要的企业文化，也不是他们最初到OXM来所追求的文化。这完全没问题。我鼓励人们自我选择，另谋高就。这并不可耻。公司文化的转变不是他们的错。

我喜欢在北欧度过的时光，并逐渐爱上了当地寒冷的气候和温暖的文化。我还了解到，在斯堪的纳维亚各国，商业文化并非铁板一块。例如，瑞典有着出产大型工业企业——爱立信、宜家、沃尔沃等——的悠久历史。反过来说，丹麦的商业文化对工业的偏重较小，但以培养贸易商和谈判家出名。或许，这是因为该国的地理位置处在若干不同的经济中心之间，离欧洲大陆和德国更近。虽说文化上的此类笼统概述不能完全当真，但我后来在OMX赖其运营全球贸易和市场服务业务的人，当真是汉斯-奥勒·乔姆森，也就是马格努斯在高尔夫球场上指给我看的那位能干的丹麦"维京人"。

汉斯-奥勒成为纳斯达克高管团队的重要成员，合并之后，他为纳斯达克负责OMX的欧洲交易。最终，他执掌了全球交易，并成为总裁。

对北欧文化的部分刻板印象是正确的，至少部分正确。我们的北欧朋友往往更受共识和共同关注点的驱使。这类特质无关好坏。和所有的文化倾向一样，它们有好也有坏——关键是要最大化好的一面，限制坏的一面。北欧文化里还有让美国人吃惊不小的安全网。他们夏天会休长假，就跟他们的许多欧洲邻居一样（平均每年休假6周）。

尽管存在这些差异，但北欧团队与美国的商业文化并不矛盾。随着时间的推移，他们在许多方面吸收了美国和纳斯达克的文化。我们合并后的经历无疑证明，认为北欧文化缺乏创业动力的所有观点都是错误的。说到底，我们找到了自己的维京人。他们具备动力、商业智慧以及国际感知力。能找到他们，对纳斯达克的企业财富来说，实实在在是一大幸事。

习得知识与现场知识

通过收购实现增长的一大优势是，在增加收入的同时，有机会消除重叠的成本结构。通过集成和精简业务，哪怕你还在发展，也可大幅削减成本。我的团队颇为擅长此事，但在他们拿起手术刀前，我总是提醒他们要慢慢来，确保他们真正理解了即将动手改造的公司。在削减成本之前，你最好真正地理解了让业务运转的诀窍。在尝试提高效率之前，你最好明白是什么让它具有效力。否则，你为提高效率所做的善意努力可能会明显适得其反。

效力先于效率。这是我的一条座右铭。通过电子表格进行模拟，绘测出有可能实现的协同效应和节省途径，很容易冲昏人的头脑。但这只是习得知识，而非现场知识。现场知识来自运营某一类型业务的实际经验。现场知识让你看到边边角角，知道可能会碰到什么样的拦路障碍。习得知识能让你在逻辑上把A和B连接起来，但它无法让你推断非线性趋势，预测前进道路上的颠簸和起伏。两种知识都有价值，但如果你混淆了它们，你就会陷入麻烦。如果你只根据习得知识就尝试对企业做出重大改变，那么你很容易犯下同等重大的错误。

当你刚刚收购了一家公司，将你身为局外人所持的新鲜视角跟内部人士的丰富经验加以平衡，这十分重要。合并之后，我在考虑OMX的一项大型技术开发项目时，向自己提出了这条建议。该项目的预算庞大：超过1亿美元，它似乎没有任何进展，只是在烧钱。我很想把它关掉，但我先到处打听了一番。我想要做出明智审慎的决定，而不是匆忙加以判断。说不定，我没有完全掌握它的重要性。

有趣的是，对这个项目，我几乎完全找不到为它辩护的人。它仍然像是块石头般沉甸甸地搁在资产负债表上（成为一项资本化的开发成本）。最后，我经过尽职尽责的考虑，确定那个项目没有存在的正当理由，于是信心满满地拔掉了插头。

管理一家全球性企业

当然，一个人在做好一名卓有成效的首席执行官的同时，对一家快速成长的全球性企业的种种细节把握起来始终是有限度的。这是一门学习起来很困难的课程。首席执行官们常常犯这样的通病：牺牲了大局，沉迷于细节当中，想要在所有事情上做到最好，不让优秀的员工做他们最擅长做的事情。"宇宙之主"类型的人很难相信居然有自己懂得没那么多的东西。然而，相反的态度也同样成问题：飞得离地面太高（有时是真的飞得太高，比如首席执行官花了太多时间搭乘公司的专机飞来飞去），忽视了公司重要的运营现实。公司规模越大，就越容易掉进这个陷阱。这就是为什么我总是努力关注纳斯达克所有业务部门的绩效。"鲍勃从不忘记数字"是我在团队里经常听到的一句话。我希望真是如此。如果有人告诉我他们将实现某个损益目标，那么我很乐意让他们贯彻到底。

我发现，最优秀的高管是"选手型教练"——能够在场边指挥比赛，但永远不会忘记怎样阻挡和拦截。他们会明智地委派工作，也对自己所监管的企业保有一定程度的直接知识。对一名优秀的首席执行官来说，这意味着找到平衡点，既密切地关注业务部门，发挥真正的影响，不失去与细节的联系，也不卡死在细节当中。

对我而言，收购OMX标志着纳斯达克身份的巨大变化，敦促我提高自己的管理水平。我们曾是一家以美国为中心的公司（主要以纽约为基地），现在则是一家全球性企业，在两大洲开展多种业务，还为其他各洲的交易所提供服务。从某些方面来看，我必须要重温职业生涯早期学习的管理课程了。

在创业之初做ASC合伙人的时候，我是个事事都想插手的微观管理者。当时，我出于本能地参与到所有细节中，在当时的情况下，我知道这是为了做到最好。我感觉公司就像是我的孩子，对公司成功至关重要的每一件事，我都有所涉及。在这种情况下，事必躬亲是有意义的。曾有研究考察过联系密切的人类社会群体，认为150人左右的"部落"可以自然地顺畅运转，一旦超过这个规模，你就必须寻找新的组织结构和领导方法了。在ASC，我们基本上是一支企业部落，我是领导者，我只有不到200名员工，所有人基本上都在同一间大办公室里从事一个共同的项目。这是一个令人愉快的环境，我们所有人都专注相同的目标，一起创造一款令人兴奋的新产品，没有任何额外的组织管理或官僚层级。ASC卖给SunGard之后，组织变得更大，复杂性和官僚主义必然伴随规模而来，一想到这里，我对自己能坚持多久不免颇为担心。但SunGard对自主权的重视超出了我的预期。它采用了一套分布式系统，有大量离散的、类似特许经营的商业部落，我把它叫作"汉堡王"式系统。在较大的组织内，这些独立的业务基本上采用自治单元的形式运作，整个组织之间提供少量公共功能加以支持。SunGard收购ASC时就曾劝诱我："我们不会管你的。"对已经成功并不断发展的业务，总公司的管理层并不过度干预。

很快，我获得了几次晋升，开始管理许多独立的部门。在这种新的规模下，我可以看到自治权太多带来的负面影响——潜在的协同效应遭到浪费，职能重复，在完成更大任务时，员工之间缺乏联系。我的管理挑战变成了怎样让众多的团队团结到一起，又不损害推动创新、所有权和执行的相对自治权。我从领导自己小小的"汉堡王"门店，不受外界太多干预，变成了想要插手干预的管理者！

"我遇到敌人了，而这个敌人就是我自己。"我一边自嘲，一边着手敲门，拆除不同的部门墙，努力把60个业务单位（均为独立运作）的松散联合体凝结成一套结合更紧密的系统。突然之间，我变到了自己从前关注点的对立面：确保不同业务保持有序和聚焦，同时争取实现更好的企业间整合。现在，我不是在制造一款产品，而是建设一家大型的功能性组织。我下定决心不向官僚主义的惰性屈服，因为官僚惰性意味着任何创新技术公司的死亡。这是个宝贵的学习机会。

管理一家全球性企业，要求领导者寻找恰当的平衡，既有亲力亲为，也有明智的放权——在企业发展的过程中，这种转变常常让创业者感到困惑。如果你手下领导着成千上万的员工，你不可能事事参与。在初创公司里，你可以在大厅里走动，跟人们交谈，提出正确的问题，并对公司怎样运作产生一种几近真实的触觉。而在一家大型全球性企业，大厅太多，有些大厅甚至远在千里之外。

跟OMX合并后的一年，我不仅试着整合众多的自主业务，还尝试在两个大洲之间进行整合。我需要找到能够信赖的人来运营一家远离纳斯达克总部的公司。马格努斯后来到纽约住了一段时间。OMX的其他高管，有几位在合并后的一年里离开了我们的新公司，要么是因为自然流失，要么是因为文化错位。最终，汉斯-奥勒成了唯一一位留在了纳斯达克并在纳斯达克的文化里茁壮成长的前OMX高管，他的努力对我们的成功整合至关重要。最重要的是，OMX的许多年轻人才最终将在中长期内成为纳斯达克的领导者。

在合并后的那年，每天早晨，我都会早早从新泽西的家中动身前往曼哈顿。我通常在清晨6点左右到达城里，赶在工作日开始之前锻炼身体。每个星期里有几天，在去办公室的路上，我会利用时差打电话给汉斯-奥勒,询问哥本哈根OMX的交易业务。我每天都会收到数字,但不管怎么说,我想要直接接触、感受业务,尤其是我无法在大厅里走来走去、感受它脉搏的时候。这些电话宽慰了我,汉斯-奥勒理解在我们合并后的商业环境下,怎样让过渡中的企业运转起来。第一年,我每个星期都要跟他进行几次这样的对话,以求建立起信心,证明我对他的信任有其道理。随着时间的推移,我的信任落到了实处。

筒仓的终结之处

在促进整合的同时鼓励自治,始终是一种平衡之举。我希望人们对自己的业务线怀有完全的责任感。我总是觉得,如果一个人在日常工作中必须与完全不同的业务线进行太多的互动,那么,组织结构图或许就有缺陷。但我也不愿走得太远,让人产生排外的"自给自足"心态。一家健康的公司需要一定程度的"交叉授粉",这样人们才能感受到自己跟整个公司的成功紧密相连。

我在纳斯达克的最初几年,常在走廊里听到这样的抱怨:"我们部门之间隔绝得太厉害了,就像筒仓似的。"在一定程度上,这是我有意为之。组织结构图就是这么设计的。但我认真地接受了这个意见，寻找方法鼓励跨部门和部门间的参与和合作。这些策略里最重要的一条是星期一上午召开的高管团队会议，我称之为"筒仓终结之处会议"。它要求所有的高级副总裁和执行副总裁出席，并很快通过视频会议的形式扩展到OMX团队。

会议有两方面的目的。除了为在场的每个人打破隔阂之外，它还让我有机会深入了解每项业务的细节，向不同高管直接提出问题，评估我的领导团队，更深入地理解纳斯达克各个部门的内部运转。每一个星期，我都得以确切地知道我的经理们最关心的是什么——他们脑子里最先想到的东西是什么。最重要的是，有了它，我不会迷失在首席执行官的泡沫里。毫无疑问，你在组织里的职位越高，就有越多的人想把你放在泡沫里。不管一个星期里发生了些什么，每个星期一早晨，我都能对整个公司获得全方位的观感。它有助于我松开勒得太紧的管控缰绳，但又并不是彻底的无为而治。

我采用的另一个策略是，在薪酬结构上既鼓励责任感和独立性，又鼓励公司内部的善意和协作。我想找到良性竞争和动态合作之间的最佳平衡点，这在很大程度上取决于恰如其分的激励措施。从我的经验来看，人们大多不会按照你说的去做，而是怎么拿钱就怎么办事。

我们的薪酬由三部分组成：基本工资、现金奖励和股权奖励。我希望人人都拥有公司的一些股份；这是一种黏合剂，把我们所有人都拉到同一条船上，在决定公司成败的重大举措中，把我们的财务命运捆绑在一起。我能够通过现金奖励建立一些针对个人或集体的创造性激励机制。因此，20%的奖金与特定的企业目标挂钩，80%与个别业务部门的成功挂钩。这80%的奖金里还有10%以员工问卷调查为基础，对对所有担任了领导职位的人是这样。我们想知道：领导团队里的人都快乐吗？敬业吗？他们跟公司的使命有多大的连接感？依我看来，你必须靠欢呼喝彩来领导。你必须从根本上获得你所领导的人的支持。这并不意味着人人都为你做出的决定而感到开心，但优秀的领导者应当得到员工的基本支持。

我还想阻止权力的滥用。在企业背景下（就这个话题来说，在其他任何背景下也都一样），如果你给了人们可观的权力，总会有一些人出现变成小独裁者的倾向。多年来，我花了大量的精力仔细思考我们在调查问卷中要提哪些类型的问题。显而易见，我们衡量的是一种特殊的满意度。我们不希望这些问卷调查变成储藏室，囤积徒劳无益的挫败感。我想要的，是尽量仔细地衡量有助于培养敬业员工的领导力素质。我相信，多年来，我们薪酬方案的各个组成部分既有助于鼓励纳斯达克的领导者们竞争、创新、合作、展现财务责任，同时还激励了我们集体的"更好一面"。

当然，并不是所有的事情都可以归结为经济激励。但薪酬的一部分跟个人绩效挂钩，一部分跟公司绩效挂钩，一部分跟企业目标挂钩，一部分跟股权挂钩，一部分跟员工满意度挂钩，我感觉我们有了一种可靠的途径，激励纳斯达克的团队履行业务优先事宜，同时支持整个企业的发展轨迹。

天边的低云

随着纳斯达克收购OMX、完成一连串规模较小的收购、拓展新的业务线、全球足迹越来越广，我们通过收购来发展的战略似乎达到了顶点。当时，我对进一步扩张有所犹豫，所以更想通过内部改造获得更多的成绩。我们聚焦利用合并带来的协同效应和机会。可以说，那是纳斯达克内部的国家建设时期。目睹我们的成功，2008年，《福布斯》杂志宣布我们为"年度公司"，同年，纳斯达克跻身标准普尔500强企业的行列。我们为纳斯达克新增了177家上市公司，甚至说服了另外9家公司从纽交所转出，市值高达790亿美元。

但在2008年，真正重要的只有一个故事。是的，地平线上积聚的乌云遮挡住了纳斯达克的成功以及几年来市场持续发展和扩张的光芒。当年3月，贝尔斯登意外倒闭，为了生存，它不得不在最后关头跟摩根大通合并。全球市场反应紧张，多年来推动市场向前发展的经济推动力似乎已经耗尽。到那年夏天结束，华尔街的精英们度完短暂的美式暑假回国，乐观主义氛围似乎消失殆尽，但即便到了这个时候，也几乎没人理解这场风暴的真正规模。

Leadership Lessons
领导力经验

· **利用母舰**。在通过收购实现发展的过程中，要紧盯自己的核心优势，并意识到，随着你继续前进（在规模、文化、地理或主要关注领域等方面的推进），风险也会随之增加。

· **效力先于效率**。确保自己拥有优质业务，知道它真正的运作方式，再去尝试对其加以精简，实现高效率运转。

· **做个选手型教练**。眼睛虽然盯着大局，但也要跟基层业务保持联系。

· **激励很重要**。理解员工激励举措的重要性，建立相应的薪酬方案。如果员工的发展与公司休戚相关，他们往往更投入地关注整个企业的成功。

09

—/\/\/—

轨道上的血迹

MARKET MOVER

LESSONS FROM A DECADE OF CHANGE AT NASDAQ

"华尔街对雷曼兄弟的担忧打击了市场。"

《纽约时报》，2008年9月9日

雷曼兄弟倒闭时，你在哪里？

在华尔街，几十年后说不定仍有人会问起这个问题。毕竟，雷曼兄弟是美国最大的投资银行之一，它的破产是美国历史上最大的破产案，也是2008年9月席卷全球市场的金融危机的关键转折点。

我那时正在参加一场聚会。邀请我的主人玛吉·维尔德罗特（Maggie Wilderotter）是前沿通信公司（Frontier Communications）充满活力的首席执行官，这是一家著名的电信公司，我曾邀请它把上市地点转到纳斯达克（尽管花了好几年时间来游说，我最终还是成功了）。我们成了熟人，随后我受她的邀请，参加2008年9月14日（那是个星期日）在她家（位于纽约韦斯特切斯特）举办的聚会。她丈夫是位酿酒师，两人在北加利福尼亚州的塞拉丘陵拥有一座葡萄园。在这个特殊的日子，他正在跟客人分享自己的葡萄酒，而她则是位亲切的女主人，正在漂亮的房子里款待宾客。就在这时，愉快的谈话突然被好几个电话的嗡嗡声打断了。突发新闻立刻在聚会上传开：有流言说，雷曼兄弟（华尔街最古老的机构之一）要破产了。环顾四周盖茨比式的景象[1]——修建整齐的草坪，衣着讲究的客人，酒杯反射出的斑驳阳光——我突然冒出一种感觉：这一切正是暴风雨来临之前那种危险的宁静。在咆哮的20世纪20年代末，大萧条行将降临的前夕，人们是不是也有这样的感受呢？

我还来不及细想，就发现自己成了人们关注的中心。人人似乎都想听听我对此事的看法。这群人基本上来自纽约，但不一定都从事金融行业，所以，我成了事实上的专家。我拿不出什么可以让人宽心的东西。市场似乎岌岌可危，而这并不是我们想听到的好消息。

一般而言，我认为自己是个危机中可以依靠的人——也就是说，当别人开始恐慌，我却能保持冷静。但这一回，我的脑子飞快旋转。这事会引发什么样的衍生后果？这对金融市场意味着什么？它对股票交易所会造成什么影响？雷曼兄弟银行是投资银行业务的巨头，他们的触角伸向行业的每一个角落。相较贝尔斯登，雷曼兄弟是一家大得多的机构，也是衍生品市场的重要参与者，实现有序退出会是一项巨大挑战。我知道，雷曼的规模可能意味着它的冲击和连带风险会比贝尔斯登大上好几个数量级。它对华尔街的心理会有什么影响？对纳斯达克又意味着什么？在所有这些无法回答的问

1　小说《了不起的盖茨比》是美国作家司各特·菲茨杰拉德的代表作，这里泛指豪华。

题里，有一件事我很清楚：到明天早晨，所有的一切都会分崩离析，华尔街上会见血。

最终，我在飞旋的思绪里抓住了一个简单的事实。有一件事是我能做的：照顾好纳斯达克在金融市场上占据的角落，确保它良好运转。这不是件容易的事，因为我知道即将出现大量订单冲击我们的服务器。对纳斯达克这样的股票交易所来说，危机时刻总会出现激增的交易量。波动性吸引交易活动，而像雷曼兄弟银行倒闭这样的突发事件必然会引发恐慌性抛售。我们能应对这么大的交易量吗？

谢天谢地，纳斯达克的系统撑住了这项任务。我的首席信息官安娜·尤金和她的团队出色地完成了工作，维持一切正常运转。诚然，也有几个惊恐的瞬间——我们的系统也曾像11月大风天里的小树一般被压弯了腰。在雷曼兄弟银行破产后的几天到几个星期，我们的交易技术被推到了崩溃的边缘。我们弯了腰，但并未折断。我们定期在实验室里测试超过正常2~3倍的交易量。但在那个时期，我们承载的业务量甚至远远超过了测试量。每一天，当成功处理完早晨的订单高峰，我都会长出一口气。此前几年，我们对交易服务做了大量投资，从收购极讯开始，随后又围绕核心技术做了整合和改进，这一回的冲击对我们的投资做了极佳证明。

交易量的增加也意味着相关收入的大幅增加。这造成了不协调的局面：我们周遭的一切都在崩溃，纳斯达克的收入却在飙升。而且，我知道这是暂时性的。一如毒品带来的快感，危机驱使的收入激增不会持续太长时间，而最终的归宿却分外残酷。实际上，任何经济危机的背后往往都是严重衰退，交易量痛苦下降，这种情况可能要持续好一阵子，还得加上其他连锁反应，比如IPO市场的必然消失。故此，我对我们损益表上突然出现的短期利润并不抱什么幻想。

信贷冰河世纪

对任何运转良好的社会或经济发展而言，信任是根本。政治学家弗朗西斯·福山（Francis Fukuyama）指出，成功社会的特征便是拥有广泛而有效的信任网络，有了它们，对长期繁荣至关重要的社会、政治和经济机构才得以发展。和经济资本一样，从这些信任网络流出的社会资本是发达经济体真正运转的重要组成部分。交付信任和做值得信赖的事往往会在双赢的良性循环中自我孵化，可即便情况反过来，道理也是一样的。在两败俱伤的交易中，不信任会自我孕育，自我喂养，最终让所有人的境况都变得更糟。雷曼兄弟银行的破产恰恰开启了一场不信任的循环。突然之间，整个华尔街没有谁值得信任了。在一个靠着社会资本和金融资本运转的经济系统里，一旦出现信任危机，后果注定是场灾难。

雷曼破产的第一个后果是贷款活动冻结。就好像有人朝着一台精密运转的机器塞进了一坨沉重的烂泥，金融行业开始出现问题，陷入停顿。市场完全依赖信贷，信贷是让发动机平稳转动的机油。而信贷取决于信任。我们都知道，信用卡公司只在计算出某人有可能还钱的时候才会借钱给他。在我们的全球金融生态系统里，金融机构之间每天往来的数十亿美元短期贷款也是如此。和个人信用卡一样，一家机构一旦丧失了偿还债务的信心，信用额度就会遭到削减，贷款也会戛然而止。

这就是雷曼破产后的情况——全体破产。信任开始瓦解。说到底，谁知道别人的资产负债表上潜伏着什么样的怪兽呢？如果外面还有更多的雷曼式机构即将爆炸呢？哪怕是一家眼下完全健康的企业，也不免遭到雷曼破产带来的巨大影响。如果它欠下了永远没法偿还的钱怎么办？随着股市走低，从前被视为坚如磐石的资产，突然显得远远不够值钱了。谣言传出，说美国保险业巨头美国国际集团（AIG）会是下一个濒临破产的机构。摩根士丹利（Morgan Stanley）的股价每天都跟石头一样往下沉，估计离雷曼的下场也不远了——至少，人们是这么小声说的。就连投资银行业的黄金标杆高盛也需要外界注入资本才能维持运转。小道消息的火车加速运转起来，每一家合作对手、每一单交易、每一桩买卖，都受到严密的监视和加倍的怀疑。

随着这些担忧开始扩散到华尔街，进而蔓延至全球市场，银行间拆借利率飙升。商业票据市场（这是放贷活动的指标）大幅萎缩。所谓的泰德利差（也即银行间贷款利率和短期国债利率之差，它是关键风险指标）创下历史新高。"银行囤积现金，信贷市场冻结"，这是当时典型的报道标题。原本高度信任的网络迅速退化成一场恐慌的生存竞争。现在，人们唯一真正信任的交易对家只剩下"最终贷款人"——联邦政府了。政府必须采取行动，撑住这场越演越烈的危机。很快，一项大规模救助计划就出台了。

联邦监管机构是否应该更努力地拯救雷曼，避免其破产带来的后果？毫无疑问，我认为，只要做得到的话，答案是应该。回头看去，让雷曼兄弟银行破产像是拔出了金融手榴弹的撞针，却又指望它不爆炸一样。很明显，雷曼只是全球金融危机的症状而非起因，但不管怎么说，放手让它倒闭是一个草率的决定。不过，事后诸葛亮人人都会当，可在事发关头做出这类决定，从来不会那么简单。

美国的经济领导者，比如财政部长汉克·保尔森、纽约联邦储备银行行长蒂姆·盖特纳（Tim Geithner）、美联储主席本·伯南克（Ben Bernanke）、证券交易委员会主席克里斯·考克斯（Chris Cox）、联邦存款保险公司（FDIC）负责人希拉·拜尔（Sheila Bair）等人本来就在一个边界模糊的领域开刀动手，这里规定并不明确，他们必须填补空白。他们试图以适当的速度响应正在发生的危机，同时又在自己实际的立法权限之内采取行动。对雷曼这样的机构进行破产清算，并没有精密打磨、久经考验的工具可供使用，只有一些生搬硬套的方法。此外还有道德风险问题，人们担心，如果政府定下了出手挽救大型机构的先例，一些机构就有可能采取更加冒险的行动，因为它们知道，反正风险的后果都将由其他人来承担。

在应对危机的设计师中，我偶尔会跟盖特纳、伯南克和考克斯交流。我欣赏和尊重他们每个人，但我最了解的人是保尔森。我第一次见他，是在他的华盛顿办公室，当时他刚上任不久。我还记得他似乎不太甘心地说，考虑到那时看似稳定的经济、他缩短的任期、两党对其他必要改革的微弱支持，他在财政部的作为恐怕十分有限。他曾建议废除硬币，这当然是个值得赞许的目标（而且至今也未实现），但跟他即将面临的真实问题相比，简直微不足道。我猜，这里的教训是，切莫胡乱许愿呀！

换个更严肃的说法，我认为保尔森是一位英雄，因为他和伯南克等人采取了前所未有的行动来支撑美国和全球经济。我可不会随便说这样的恭维话。美国很幸运，在它历史上最危险的一个时期，有一位性情和道德都恰如其分的公务员来扮演这一关键角色。他尽管有高盛的根基，但似乎从来不是华尔街上的一头寻常金钱动物。他给我的印象是个脚踏实地的普通人——对自己的地位并不在乎，让人顿生好感。他不是个天生的政客——既不是有天赋的演说家，也不是坚定的左翼或右翼党派分子。但在商业和生活中，人们往往会高估那些冠冕堂皇抖机灵的长篇言论。在金融危机期间，公开的党派之争将会是一场灾难。

危机最糟糕的阶段过去之后，美国正在缓慢而痛苦地复苏。我参加了一场会议，已经退任的保尔森是主要发言人。他讲话结束时，我从听众中第一个站起身来。这是我唯一一次引导大家起立鼓掌，不是因为他说了些什么，而是因为他为我们所有人做的事情。要是2008年底是一个不太适合担任财政部长的人坐在这个位置上，我们就只有听天由命了。这个关头需要英雄主义，保尔森做到了。在我看来，他是个伟大的美国人。

我在股票交易所这个相对安全、情况没那么可怕的环境里观察了危机的展开。实际上，从我的位置来看，最重要的事情是股市整体在混乱当中表现如何。它们的表现其实令人钦佩——在一切厄运与黑暗中，这是一个无人提及的故事。

有一点值得强调，尽管人们提起华尔街总将它看成囫囵一个，但股票交易所跟此次危机并无关系。相反，危机始于房地产市场，在场外交易、不透明的双边交易场所恶化，在这些地方，信用违约掉期等新的金融工具煽风点火，制造了看不见的风险。股市也不像其他许多交易场所那样冻结了。雷曼兄弟银行破产、信贷市场陷入停顿之后，包括纳斯达克在内的股票交易所在全球恐慌蔓延期间继续运转，日复一日。交易完成并结清，系统持续运行。信任得到了维系。人们仍然相信，自己在纳斯达克或纽交所的交易将得到妥善处理。他们没有丧失对交易对家的信任。联邦政府从未介入，这说明了我们模式的韧性。

当然，和其他所有人一样，我们也十分担心股市在那段时期的猛烈下跌，以及它对美国经济和辛勤劳动的美国人民财富的影响。我们不停地审视自身结构有可能出现的变化，确保卖空一类的交易行为不会助长负面情绪，或是妨碍恰当的价格发现。但归根结底，我们的工作不是让市场上涨或下跌，而是保证它不崩溃，因为崩溃本身就是一场灾难。这是我们的责任。在华尔街的这个角落里，我们能做的一件事就是帮忙。想一想这个惊人的事实吧——在危机期间，我们最担心的是交易量太大，而其他许多交易所最担心的是完全没有交易量。它们完全垮掉了。

做空，还是不做空

我在纳斯达克的办公室里摆着许多显示器，它们播放财经新闻，显示市场数据。大多数日子，几乎没人会多瞥它们一眼，但

2008年秋天，我和我的高管团队经常被市场里正在上演的大戏吸引。有一个特别残酷的日子，克里斯·康坎农跟我一起搭档看戏。市场猛烈下跌，哪怕我们置身华尔街一栋大厦的15层，你也能感受到街上的恐惧。那些日子里，它似乎渗透了整座城市的大气层，就像曼哈顿上空停驻了一坨巨大的低压气团。

"我还从没见过市场跌成这样。"克里斯的声音微微有些颤抖，透露出担忧。摩根士丹利也是股票跌势凶猛的公司之一，仿佛它跟清盘破产之间已没有了距离。事情真的有那么糟糕吗？屏幕上的红色数字不停闪烁，我朝他转过头，努力让自己显得没那么担心。"卖空的家伙们正在重锤摩根和高盛。空头会把市场给烧掉。"

这里，对那些不熟悉"卖空"一词的读者解释一下：它指的是投资者押注股价会下跌，并试图从股价下跌中获利[1]。在金融危机的最高潮，股价暴跌，卖空行为猖獗，一些人担心这会导致股市加速下跌。

"我们应该试着采取些手段吗？"克里斯问，他仍然无法将视线从屏幕上的一片血红色上挪开。

---

1 在卖空交易中，投资者从所有者手里借入股票（支付象征性费用），然后卖出获利。如果股票价格继续下跌，投资者就会把它买回来，还给原来的所有者。高价卖出和低价买进之间的差价，就是卖空赚取的利润。

在平常的日子里，如果你问我卖空对市场来说算不算是积极的事情，我会给你一个坚定的理由，说明为什么答案是响亮的"没错"。可以说，押注一家公司股价下跌的能力能为市场带去必要的纪律性，便于更好地发现价格。如果你只能（通过做多）押注价格上涨，那就是一种没有制衡的局面，股价会受到高估。从理论上说，卖空可以在一定程度阻止"非理性繁荣"把持股票，让不同的声音表达其对股价走向的看法。它还可以帮忙根除市场的欺诈行为，让安然一类的公司难以隐藏在会计上动的手脚。但在金融危机期间，卖空行为就像是一场森林大火，本来就在以令人错愕的速度燃烧资本，你还往它上面浇汽油。所以，我理解克里斯为什么会提出这个问题。我也正在心底问着自己。我在想，我们是不是应该对证券交易委员会施加影响，至少暂时地对卖空行为做进一步限制。不过，我也理解，如果我们迈出了这一步，它将带来影响深远的后果，而这些后果，眼下我们还看不到。

"通常而言，我会说这是个坏主意，但……"我的声音越来越小。在那一刻，我尽管身处华尔街机器的最高位置，但仍然感觉像是猛地撞上了一股完全不受我控制的力量。我和克里斯对市场结构的了解，可能比地球上其他任何两个人都要多。但在当时的金融旋涡里，你很难知道自己的经验能靠得住几分。这就是哲学理想和实际现实之间的经典困境。没有人之前经历过这样的事情。我们算什么人，有资格在历史上如此微妙的时期把市场当成提线木偶来玩？我们哪怕有精致的理论、辛劳的工作和理想主义的动机，最后说不定都会引火烧身。我看着克里斯，把自己的想法完整地说了出来：

"……但是，见鬼了，我知道些什么呢？"

每当看到市场在重重打击下晕头转向、畏惧不前时，我们经常会冒出这样的怀疑来。迟早，对方会来上一记致命的重击。在越来越浓的愁云里，我们把脑袋埋进工作里，但一贯的乐观精神却供给不足了。

那次谈话后不久，有一个周末，我在晚饭前接到克里斯·考克斯打来的电话。他刚跟盖特纳讨论了卖空问题。夏天的时候，他们就在打击这种做法，并试图加强限制。他们甚至在一段时间内直接禁止卖空某些金融类股票。现在，盖特纳正在想办法实施进一步的保护措施。我对他的想法深有共鸣。

"鲍勃，很抱歉打扰你。但盖特纳想要尽可能地立刻了结此事。"考克斯解释说。他的声音听起来疲惫、急迫，又忧心忡忡。

他不是唯一操心这个问题的人。实际上，考克斯还承受着银行和政客们的压力。纽约州参议员查克·舒默和希拉里·克林顿都在敦促禁止卖空。金融危机期间有一刻，电视名人吉姆·克莱默（Jim Cramer）一度以未能限制卖空者为由，对考克斯进行人身攻击，当时的总统候选人约翰·麦凯恩（John McCain）则在呼吁解雇考克斯。就我个人而言，我认为考克斯是个工作努力、不受意识形态影响、反应敏捷的人——这些都是主持证券交易委员会的良好品质。但不管是否有道理，未能禁止卖空者（那一阵子的"妖魔鬼怪"）进一步破坏市场稳定这件事，他必须要负起责任。

"克里斯，我同意，"我对他说，"但你比任何人都清楚，证监会不是一家以适应敏捷出名的组织。它就不是为了快速行动设计的。"这是个简单的事实。证券交易委员会必须一丝不苟地遵循要求公开透明的阳光法案。两个以上的委员甚至不能同时交谈，要不然，这些法律就会要求对所有的5名委员举行全面的公开听证。新规定必须由公众进行权衡，故此设定了评论期。这是一个精心打造的流程。实际上，我逐渐意识到有个难以言说的真相：说到政府机构，你可以拥有透明度，也可以拥有速度，但你不能两者兼得。

"爸爸，你准备好吃饭了吗？"凯蒂一边走进我的办公室，一边扬起声音。我和女儿打算出门吃，但她饿了。正常情况下，她会做出生气的样子，催我赶紧挂掉电话，和大多数少年人一样，她对自己父亲的生意往来毫不关心。可这一次有些不同。她一进房间，就变得非常安静。她突然显得很关心我。我惊讶地发现，在那一刻，房间里的气氛和凝重完全打破了她的青春期自我关注。

考克斯很快向我解释说他有一套新计划。"鲍勃，既然证券交易委员会不能亲自提出这个建议，我希望纳斯达克和纽交所联手自己做。这样就能很快获得批准。"

考克斯的计划是合理的,接下来的几天,我们就依计行事。证券交易委员会通过了一项针对大多数卖空行为的临时禁令,持续了数周,直到2008年10月初才结束。在那个时候,能做点什么感觉很好。但当然,禁止卖空并不能阻挡抛售,也不能避免市场下跌。我把它看作一个警示故事:要是人因为想要解决一个明显的问题而太快采取行动,在此过程中妨碍了自然的市场力量,那会发生些什么情况。哪怕在当时,人们也普遍认为,这一禁令对稳定市场无济于事,后来的大量谨慎研究也得出了相同的结论,甚至认为它适得其反。那年晚些时候,考克斯从证监会任上离职之前说,他为这一决定感到后悔。"根据我们现在掌握的情况,"他说,"我认为,总的来说,证券交易委员会不会再这么做了。"

杠杆的危险

"只有三条路会叫一个聪明人破产:酒精、女人和杠杆。"据说这句俏皮话出自传奇投资家查理·芒格(Charlie Munger)。华尔街上有很多聪明人,栽倒在这三条路上的人想必不少,但在2008年,最容易叫人栽跟头的一条路是杠杆。金融危机的起因很多,许多事情凑到了一起，共同引燃了系统。但杠杆的危险是所有问题的核心，在我看来，为了避免惨剧重演，我们必须汲取它的教训。

当然，杠杆并不完全是坏事。为了收购一些对纳斯达克转型至关重要的资产（如极讯），我背上了沉重的债务。那时候，我们一度借用了9倍的杠杆。这就意味着，如果我们的业务由于某个原因下降了，它有可能损害我们偿还债务的能力。我们知道纳斯达克暂时处在很微妙的地位，但考虑到这桩交易带来的协同效应，我们也知道自己能够很快控制住它。这种情况少之又少。总体而言，我小心翼翼地把债务控制在合理的范围内。我还回避了一些我认为会让纳斯达克杠杆率过高的收购，比如我们最终放弃了竞购伦敦证交所。

或许，我跟杠杆关系最密切的经历来自收购OMX之后。OMX在北欧拥有一家清算所。我熟悉这项业务，但从未亲自监督过它的运营，所以，我必须加快速度赶上来。任何一位称职的首席执行官都必须了解自己监管的所有业务，并找到能让自己感到舒适的监管程度。许多（尤其是大型企业的）首席执行官并不真正懂得自己业务的重要细节，这不免叫人感到惊讶。总之，我必须学习清算业务的基本组成部分——其中之一就是管理保证金。就结算而言，这就意味着要知道自己成员机构的头寸暴露程度，以及需要多少资本来应对这一风险。我们雇用了大量高智商的数学家来帮忙做到这一点。

收购后不久，我与风险管理团队见了面。那是在贝尔斯登和雷曼兄弟银行让所有人反思风险模式之前的好几个月。这支团队使用复杂的数学模型来衡量不同资产的相关性，以及这些关系牵涉的风险。举个例子，如果一家大型机构客户有1亿美元的投资组合经我们清算，我们的清算所可能会要求700万的保证金。然而，在这次碰面会上，我们的团队告诉我，他们的模型显示，从历史上看，某些资产的下跌跟另一些资产的下跌不相关。由于模型显示此类情况下风险状况降低，或许，我们也应该放宽该类包含不相关资产的投资组合的保证金要求。

值得庆幸的是，我们的团队决定不根据这些计算结果改变保证金要求。我们继续走保守路线。当时，我并不知道日后自己会多么感激这个决定。事后回想，它似乎很有先见之明。如今我们知道，事实证明有太多这样的模型根本不准确。在一场真正的危机中，一切都互有关联。但在那些日子里，我还不知道暴风雨即将来临。我决定，不管房间里最聪明的人怎么说，也不增加我们的风险。几个月后，我们在危机期间每天密切监控自己的风险程度，甚至有几次强迫成员公司追加保证金。

这里适用于一条最重要的领导力经验：不要自欺欺人。这是一条惨痛的教训。人总有办法说服自己相信那些不值得相信的事情。人总能说服自己得出一个迎合当时氛围和短期动机的结论，哪怕它经不住任何独立的形势评估。在杠杆这件事上，你很容易骗自己说，未来会跟过去一样。

然而在现实里，未来并不总跟过去一样。这听起来似乎理所当然，但人类总是喜欢用之前发生的事情来解释当前的经历。计算机（是人类为之编写的程序）常常也会这么做。没有发生过的事情并不意味着不会发生。我们全都在金融危机里学到了这一重要教训。直到彻底失效的前一天，有些模型似乎都稳如磐石。不要在最后一战里陷入苦斗，不要自欺欺人。

"要当心那些套用公式的极客。"这是又一颗来自沃伦·巴菲特的智慧之珠，他敦促投资者对基于历史的模型保持怀疑态度。这是一条明智的建议，尽管我可能会用不同的措辞来表达它。毕竟，纳斯达克依赖许多提供有用公式和模型的极客，构建起价值数十亿美元的业务——我们旗下的许多上市公司也一样。但和任何复杂的工具一样，数学也能变成一种你自欺欺人的手法——就像金融危机发生之前的华尔街投资银行家们一样，他们不知怎样说服了自己，30：1的杠杆率也可以接受。换句话说，针对100美元的投资，他们只需拿出3.33美元的实际资本，但反过来说，要是他们的投资组合下跌4%以上，他们就无力偿还了！然而，手握公式的首席执行官们说服自己相信这样的杠杆率是可控的。在我的职业生涯里，我犯过很多错误，可这样的错误，我从未犯过。有那样的风险高悬在我头顶上，我恐怕根本睡不着。

在投资银行采用合伙制而非上市企业形式组织的时代，我很难想象投资银行家会纵容如此高的风险水平。合伙制的激励机制（也就是说，风险共担）肯定会施加更大的约束，降低要承担的部分风险。一场危机达到2008年那样的规模，原因肯定不止一两个，它必然是诸多事件累积起来所致。但杠杆、领导的失败和华尔街投资银行的不同组织结构，都扮演了重要角色。

那么，美国证监会呢？他们应该受到多少指责？监管失败也是导致危机的原因之一，证监会显然是这一问题的始作俑者。但我认为，与其把指头戳向某一个人（甚至5人组成的委员会），或是锁定导致危机的具体事件，不如审视一下证监会的监管文化会更有教育意义。

一如许多人所说，文化兴许就是命运，但在这个例子里，"章程"同样是命运。美国证监会的章程明确强调保护投资者、维护市场的公平有序，至于受它监管的机构的稳定和稳健，并非它的首要着眼点。这一任务就写在它的创办章程里，而且，可以说，自成立后，在本世纪的大部分时间，它都做得相当不错，直到它彻底失效。制度惯性是一股强大的力量。证券交易委员会是为了确保所有人遵守规则，它打着保护投资者的旗号，执着于纳斯达克和其他机构在商业模式上的每一处微小变化，却完全没注意到鼻子下面已经累积起了足以摧毁世界的杠杆量和风险。现在回想起来，要不是后果如此致命，说什么缺乏监管，简直是句笑话。证券交易委员会的设计初衷从来不是寻找正确方向。

危机期间，幸存的投资银行转变为商业银行，这给了美联储一些监管权力，彻底改变了形势。尽管如此，金融危机表明是时候对我们国家的监管结构进行重大更新了——而这，正是硝烟散去、市场恢复部分稳定之后发生的事情。

《多德-弗兰克法案》

"你这婊子！你这浑蛋！你以为你是什么人？"

一连串脏话向我投来，叫我目瞪口呆。我刚拿起电话，还没来得及说上几个字，就迎上了这一通连珠炮。但叫我吃惊的还不只是这一连串的谩骂，而是背后那个人。杰米·戴蒙，商界里我最尊重的人之一，摩根大通的首席执行官可不会每天给你打来电话，然后喷出连篇的脏话，像个喝醉酒的水手。

"杰米，让我说句话，"大约15秒后，我终于插进了嘴。

但这似乎只是为他的咆哮又注入了新的能量。"你别说！你给我听着！"接着又是30秒的大呼小叫和连篇咒骂。

无可否认，我很清楚他为什么生气，我甚至能理解他的沮丧。

那是2009年，我们正围绕一项新的立法方案，也就是后来的《多德-弗兰克法案》展开讨论——它承诺对我们国家的金融监管结构进行全面改革，以应对类似之前发生的系统性问题。当时戴蒙刚刚意识到纳斯达克正在参与一场运动，旨在改变某些交易和清算的操作方式——这一改变将对大银行产生重大影响。

几个月前，纳斯达克法律顾问埃德·奈特提出了一连串我们可以采取的举措，影响危机后即将出台的新监管结构。华尔街的每一家主要机构都与之利害相关，尽管纳斯达克的利害还不如其他机构那么直接。

在我看来，金融危机凸显了我们模式中某些业已证明对系统韧性至关重要的方面。像纳斯达克等股票市场的运作方式，有时会被称为"全对全"（all-to-all）模式，也就是说，所有的买家和卖家都聚集在一家交易所里，由同一家集中的、独立的、共同承担风险的清算所进行交易。后一部分是关键，清算所合法地结算在交易所发生的交易，它提供了管理这些交易的标准规范。如果一位散户投资者老张通过自己在金融资产电子交易平台TD Ameritrade的退休账户下达卖出指令，他可能马上就会收到确认，但这并不意味着交易已经完成。交易要在清算所结算、最终确定合同、完成资金转移，才算两讫。从某种意义上说，清算所对信任做了系统化和制度化处理。每一个参与市场的机构都必须向清算所提供一些抵押品。反过来，清算所监控成员公司的信誉，并提供一笔基金，弥补超过单一一家成员抵押品的损失。如今，美国股票市场的清算所职能由存管信托公司（Depository Trust and Clearing Corporation，简称DTCC）承担。

多年来，我一直主张市场的开放和透明，建立相互竞争的电子交易所和独立的清算所。纳斯达克就是这样运作的，我们也推动鼓励市场朝着这个方向发展的法规。在危机期间，遵循这一模式的市场表现最佳，没有双边私有信贷市场累积起来的隐性风险。如果说，有一个瞬间证实了我的信念，那么，似乎就是这时候了。

双边私有市场自带失效的倾向，不是因为存在不法行为，而是因为在这些关系里，信任更为微妙。没有了清算所这道防火墙，它们的强度完全靠自己最薄弱的环节维系，一旦险情蔓延也就更加危险。流言工厂的力量更大。信任的崩溃会迅速感染整个系统。实际上，信任的失效更容易感染双边关系建立起来的整个互相关联的网络。这就是许多场外交易场所在2008年陷入停顿的原因。清算所提供了一种制度防火墙，帮忙防范危机中袭击我们系统的那种传染病。

埃德的建议是，趁着眼下《多德-弗兰克法案》正在国会谈判，我们发起一场草根运动，游说法案收入我们所提出的修改。我们在游说活动中投入了一些资金，并将它分发给与我们目标一致的公益组织。我们觉得这是一场很好的事业，也希望对政策产生真正的影响。

在那场运动中，我们最难忘的一次会晤来自在白宫西翼与奥巴马政府国家经济委员会主任拉里·萨默斯（Larry Summers）的一轮谈话。走进这座标志性建筑，不是以游客身份，而是为了一件即将影响全美的官方事务，我感到很兴奋。随着谈话进入清算所这一冗长主题，萨默斯，这位我有幸认识的最聪明的人物之一，却靠在椅子里，闭上了眼睛。我的心一沉。他还在专心听着吗？他是要睡着了吗？我拿不准，但我也知道，他工作时间超长是出了名的。兴许他现在就是倦意袭来（几天之后，媒体真的流传起一张他在跟总统开会时打瞌睡的照片来）。然而，过了一会儿，他睁开眼睛，高声道："我懂了！清算所！基本上这就是我们发明货币的原因。"

他的话把我弄糊涂了，我想，他一定是睡着了。接着，我意识到，他说得对。这是逻辑上的奇妙飞跃。金钱带给人们交换货品和服务的信心，无需他们本人相信彼此的信誉。凭借同样的方式，清算所带给人们进行证券交易的信心，让人们不必亲自相信并核实交易对手的信誉。兴许钱只是一张纸（或账户里的数字），但因为我们都在这种交易媒介上有所投入，而且它得到联邦政府的全力支持，故此成了每天结算数千亿笔交易的一种方式。而萨默斯在我们的对话中迅速领悟到，清算所在证券交易中发挥着同样重要的作用。在我们交谈过的人里，再没有其他人对清算所建立起这样独特的认识。看到一颗了不起的脑袋在运转，始终是一件有趣的事情。

2009年12月11日，众议院及时地通过了一项法案，规定在许多场外衍生品中使用独立的清算所，从银行手里夺走了相应的职能。

法案经过众议院时，银行们清醒过来。突然之间，它们意识到，拟议中的监管结构有可能让它们失去某些衍生品市场的清算和交易功能。这直接触及了它们的底线，因为它们会失去重要的收入来源，比如通过为大公司和机构进行场外利率掉期交易赚取的数十亿美元。据报道，2008年，大通银行仅在这一项业务上就赚到了50亿美元的利润！这就难怪，在摩根大通内部，这项交易业务的负责人绰号是"印钞机马特"了。

众议院的法案会妨碍这类交易和清算的兴旺发展，还把它转移出了大通等银行控制下的私人市场。法案通过之后，警铃响彻曼哈顿全岛的高管办公室。在艰难的银行业环境中，这笔收入流至关重要。他们开始问："是谁在推动这项立法？"所有这一切导致了戴蒙打来的那通愤怒的电话。

对摩根大通而言，这件事尤其要命。他们有着华尔街最大的资产总额，能为客户提供其他投资银行无法比拟的安全性和确定性。他们能为其他投资银行难以应对的衍生品交易（比如利率掉期交易）做市。通过专门定制的合约进行清算的双边交易场所往往会给房间里资产最大的人带来可乘之机。对比而言，一家共同清算所着眼群体的集体力量，而非单个玩家的个别力量。每个人获得的待遇大致相同：没有优惠，没有特价。人人都提供抵押品。规则更透明，更标准化。

在回想戴蒙的连篇脏话时，站在他的视角，我可以理解。摩根大通在金融危机期间做出了真正的牺牲，它收购了贝尔斯登和华盛顿互惠银行，承担了这两家陷入困境的机构的相关债务。此外，摩根大通也没有参与导致危机的不法活动。戴蒙一边要抵挡嗜血的政客，另一边要抵挡愤怒的公众。但倘若不是由我来倡导"全对全"电子市场建立共同清算所，那到底该由谁来做呢？毕竟这是纳斯达克的专业领域呀！摩根大通负责放贷，纳斯达克负责运营公平的市场。

2010年，《多德-弗兰克法案》通过了我们提议的一种衍生品市场监管结构。我们真的建立起了监管衍生品市场的清算所，这是向前迈进的重要一步，不过，要完全实施还要花上很多年。此外，现在所有利率掉期交易都必须上报给存管信托清算所（DTCC）的公共数据库，这是通往更大透明度的积极一步。虽然衍生品市场跟今天的股票市场相比仍有很大差距，但我相信，它们如今变得更强壮更完善，有我们和其他人努力的功劳，我对曾帮助它们发展深感自豪。

麦道夫乱局

我们在金融危机中学到的有关信任的最后一课，对许多人来说，来自一件将贪婪腐败展现得淋漓尽致、使我们的经济沦落到灾难边缘的事——麦道夫事件。

这些年来，我跟麦道夫兄弟（伯纳德和彼得）做过一些交易。我还在ASC为软件平台BRASS做代表时，就曾与兄弟俩就合同的价格结构进行过谈判（其实只是跟彼得谈判，因为伯纳德似乎不太关注细节）。虽然在讨论中并无真正的影响力，但伯纳德锱铢必较，只想着从我这里多压榨出哪怕一分钱来。总体而言，我不是个会诋毁对方出色谈判手法的人，但坦率地说，他们的招数真是磨得人心力交瘁。我在纳斯达克就职之初，又一次陷入了跟麦道夫兄弟的艰难谈判，因为我试图解除纳斯达克前任首席执行官跟兄弟俩签署的一份毫无益处又糟糕透顶的合作协议。伯纳德从来没担任过纳斯达克董事会的主席（有些新闻媒体曾这样报道过），但在我就任之前，他是一个顾问委员会的主席，这是一个更加礼仪性的职位，不过仍然很能说明他在股票市场的人脉。我很不情愿地额外多花钱解决了合同，但我很高兴结束了纳斯达克跟兄弟俩的交易。

即便如此，我听说关于庞氏骗局的消息时，仍跟其他人一样震惊。有好几天，这个消息都占据着我的思绪，把持着华尔街上的每一场对话，虽说我认识的人没有谁亲身受到此事的影响。麦道夫的目标不是行业内的专业人士，因为后者往往会做更谨慎的尽职调查。

经历了最初的震惊过后，行业内的所有人顿时都成了自信满满的麦道夫专家。"我早就知道那些家伙有点不对劲""他们似乎总是不诚实""他们的运营里明显有些讨厌的地方"……然而，就在这些自封为专家、（事后想来）有着完美认知的人的眼皮底下，麦道夫的庞氏骗局持续了十多年，骗过了一个手握数十上百亿美元的社群。

如果说，良好的市场、成功的经济和健康的社会都建立在高度信任的基础上，那么，麦道夫丑闻就是这种情形的对立面——它降低了我们彼此之间的信任，也降低了我们对支撑金融交易的市场的信任。伴随着最终导致麦道夫毁灭的金融危机的到来，人们终于意识到：市场不是抽象的，而是动态的系统，它脆弱、敏感，需要不断改进。市场的存在是为了配置宝贵的资本，促进资本自由流动，让整个经济运转得更好。和生态系统中水的运动一样，资本的功能性循环对它所支撑的系统的健康发挥着不可替代的作用。一旦这种循环中断（就像我这辈子经历的最严重的金融危机中一样），我们的经济就会枯竭，所有人都将承受可怕的后果。

我们都是大衰退的孩子。毫不夸张地说，我们永远回不到过去了。数十年的相对稳定，让整整一代华尔街银行家们打起了瞌睡。我们已经好几代人没见过这般规模的危机了。等它终于到来，便来得异常凶猛。2008年之前，我们有风险模型和灾难场景规划，但它们大多是理论上的。这一波危机蔓延的浪潮击垮了我们现有的所有应急模型。威胁是真切存在的，我们全都感受到了，我们知道自己说不定会跟船一起沉没。

它改变了我们。如今我对风险的看法与2008年之前大不相同。我对华尔街上寻常一天的理解——对有可能发生些什么的认知、关注和担忧程度——也跟危机发生前大不相同。人们不大容易再做出不够有力的反应了，我倒不是说我们的金融系统再也没有了风险。和所有业务一样，金融不可避免地会涉及风险。它是资本家奋斗的一部分。我也不是说，在过去十年里，人性上的激励因素有了很大改变。然而，有些事情的确不一样了。在2008年，我们全都凝视过集体的深渊。凡是仔细看过那幽暗深渊，又从悬崖边回来的人，再也不会忘记那番情形。

Leadership Lessons
领导力经验

- **未来不会总跟过去一样。**要预测未来可能会发生些什么，别只想着从前发生过什么。

- **信任是件微妙的事情。**商业由竞争推动，但也依赖信任与合作。人们很容易认为这理所当然，直到信任失效的那一天。

10

—/\/\/—

逃兵

MARKET MOVER

LESSONS FROM A
DECADE OF CHANGE
AT NASDAQ

"纳斯达克放弃收购纽约泛欧证交所
（NYSE Euronext）。"

《纽约时报》，2011年5月16日

佐治亚州奥古斯塔这座冷冷清清的中等城市竟有一座私人飞机频繁光顾的地区机场，绝不是没有原因的。附近的奥古斯塔国家高尔夫俱乐部是全世界最著名的高尔夫球场，每年大师锦标赛都以此作为主场。行驶在木兰大道那绿叶阴阴的树冠下，一晃神，很容易以为自己穿越了时光，回到了（美国南北内战之前的）老南方。对高尔夫运动爱好者来说，奥古斯塔的果岭和球道如同宗教一般牢牢控制了他们的想象力。在这家有着深厚传统、只有通过邀请才能入会的俱乐部里，有一些你绝对不能逾越的规矩和习俗——不管你是客人，还是会员。比方说，不能穿短裤、禁止索要签名。对许多竞相入会成为会员的产业巨头来说，有一条规矩恐怕最为棘手：在那修建完美的球场上不得使用手机。

我不是奥古斯塔俱乐部的会员，但2011年春天的一天，我收到了一位资深会员的邀请，到奥古斯塔打球。怎么也想不到，等我终于踏上那神圣的高尔夫圣殿，我会希望自己身在别处。那是一个美好的下午，在那世界闻名的球场上，我竭尽全力地表现自己。我躺在离球道左侧果岭一百多米的地方，听到了本来不可能听到的声音：我高尔夫球袋里手机的震动声。我的心猛地一颤。

我飞快地四下环顾，运气不错，我周围没有别人。我无意使用那遭到禁止的手机，但我进退两难。我职业生涯里最大的一笔交易正交由美国司法部权衡拿捏，我的法律总顾问明确表示：如果他们打电话来，我应该接。出发打球的那天早上，我站在自己的小屋里，手里拿着电话，感觉自己像个罪人，不知道如何是好。我是该把手机调成静音，还是震动模式呢？我选择了后者，把它塞进包里。我发誓不碰它，我还记得自己一边拉上拉链，一边这么想。把电话带着，至少我能知道他们是不是打来过电话。这样，万一他们来电，我会尽快打完球，赶紧回电话。即便是把电话放在球袋里都是违规行为，但我没有别的选择。这下可好，讨厌的手机打算出卖我了。

我鬼鬼祟祟地把包打开了一点点，瞥了一眼屏幕上的名字——埃德·奈特。电话转到了语音信箱，但他马上又打了过来。接着又打了过来。等到第三次打开，我把电话调成静音，拉上了拉链。

我在茫然失措中打完了接下来的8个洞。每一名高尔夫球手都梦想着打上传奇的第13洞"阿门角"（Amen Corner），我的思绪却飘到了别处。我努力想在最后几个洞里表现得有些尊严，但我满脑子都想着回到小屋，给埃德打电话。

埃德接起电话时，声音跟平常一样平和镇定，但我知道消息一定很紧急，所以他才会给我打电话。"鲍勃，很抱歉打扰了你，"纳斯达克的法律总顾问说，"我们收到关于那笔交易的消息了。"

"这么快？怎么可能呢？"

"我也不知道，但司法部的一个工作人员给我打了电话，"他说，"鲍勃，你肯定不信……"

奇怪的"待售"告示牌

这通性命攸关的电话是怎么回事，还要从几个月前一份出人意料的公开声明讲起。2011年2月15日，美国有线电视新闻网（CNN）播报头条新闻，公布了纽交所和总部位于法兰克福的欧洲最大交易所之间的一项协议：纽约证券交易所和德意志交易所同意合并。交易提议建立一家超强的全球交易所，德意志交易所的股东将以95.3亿美元的价格收购纽交所，持有合并后新公司60%的股份。合并之后，纽交所的首席执行官将继续留任，但总部将设在欧洲，董事会大部分成员来自德国方面。

2005年前后，纳斯达克和纽交所都开始在欧洲寻找合作伙伴——纳斯达克收购了北欧的OMX，纽交所收购了总部位于欧洲的交易所集团泛欧交易所。不过，两者仍然很重视自己的独立性，至少，在我们还没看到宣布纽交所要奔向一家德国交易所怀抱的新闻报道之前是如此。消息说，纽交所正寻求达成一项交易，如果成功，将改变全球股票市场的面貌。

在纳斯达克的办公室里，新闻里隐含的信息十分明确：纽交所把自己摆到了市场上，价格就是新闻报道里刊载的那个数目。纽交所将自己对公司的估值以及他们愿意在什么价格上放弃控制权的内幕全部公之于众了。我和自己的高管团队偶尔会考虑收购这家多年来的竞争对手，但这些讨论从未如此深入。倘若说这一愿景真的有望成为现实，那就是现在这一刻了。不管出于什么目的和动机，纽交所的董事会刚刚在自己巨大的柯林斯式圆柱上钉了一块"待售"的告示牌，还附上了价格。这样独一无二的机会，我们可不能错过。他们必须履行认真考虑更高出价的受托责任。

我们这位华尔街的竞争对手仍然是一家股票交易巨头，按交易量和挂牌公司的总值来看，是全世界最大的股票交易所。但他们的问题很不小，如果管理层不采取重大行动，这些问题不会消失。而据我所知，短期内管理层不会有什么行动。2004年至2007年担任纽交所首席执行官的约翰·塞恩做过几次尝试，想把交易所拖进电子化的未来，但这些尝试执行得很糟，而且他在任的时间不够长，不足以真正带来变革。他的继任者邓肯·尼德奥尔（Duncan Niederauer）来自高盛，说过一些正确的话，比如要转型成技术驱动型的交易所一类的，但他没有管理纽交所这种机构的经验，他能否证明自己擅长边做边学，我也拿不准。在《全国市场管理规则》颁布后的时代，股票交易市场早已支离破碎，纽交所在现货股票交易市场的份额大幅下降，仅占26%左右。此外，困扰所有老牌交易所的问题，纽交所也有不少。

纽交所独特地混杂了好几个要素：它是一个传奇的美国品牌，一家了不起的股票专营机构，但也是一家运营低效的组织。在全球股票交易所领域，它属于最后一批尚未经历改革的交易所。这么说吧，对一位卓有成效的首席执行官来说，把它改造成一家精简、扁平、高利润的企业不免是个诱人的目标。

与德意志交易所的拟议交易将使合并后的公司成为全球最大的交易所，由尼德奥尔领导。不过，考虑到德意志交易所将控制董事会，我忍不住好奇尼德奥尔掌权的局面能维持多久，不过，我也并不想知道。我们立刻把各部门的负责人召集到一起，讨论怎样趁着他们双方谈判的当口儿打出一条路，提出更好的报价。

这将是一次不请自来的竞标，而这样的事情总是容易叫人忍不住打个哆嗦。它还会是一笔吸引大量公众关注的交易，媒体和投资人会紧盯着我，金融专家每天都会仔细审查我们的所作所为。成功的机会并不大。我曾被伦敦证交所那笔交易狠狠咬过一口，那是个既耗时又艰巨的过程。我会不会"一朝被蛇咬，十年怕井绳"？跟团队一起掂量之后，我最终决定鼓足勇气，放手一搏。

但我还需要一位合作伙伴。我们没有足够的资金直接买下纽约泛欧交易所（NYSE Euronext）。此外，泛欧交易所还有一些并不完全符合纳斯达克商业模式的宝贵资产。于是，我联系了大型衍生品交易所芝加哥商业交易（CME）的首席执行官克雷格·多诺霍（Craig Donohue），跟他讨论联合竞标事宜。经过一番考虑，他决定不参与这轮集资。我还联系了洲际交易所（ICE）的首席执行官杰夫·斯普雷彻（Jeff Sprecher）。我知道斯普雷彻在洲际交易所创造了一种极具企业家精神、运转高效的文化，我认为他可能是纳斯达克在这样一桩收购中的完美伙伴。在某些方面，他们的企业文化似乎与纳斯达克非常接近。

斯普雷彻立刻产生了兴趣。他和我讨论了各种资产，以及我们怎样分配它们。我们无法接触到纽约泛欧交易所的内部文件，但由于它是一家上市公司，我们能掌握到的信息都是切实可靠的，这让我们感觉很好。尽管如此，我们还是关在会议室里度过了很多漫长日子——讨论、磋商、争论。我们该怎么切苹果？我们各自对每项资产支付多少钱？这是一场复杂的谈判，而且，这还只是为了提出合理的竞标。

在那几个星期里，我和斯普雷彻分享了我对纽约泛欧交易所资产的理解、洲际交易所的价值，纳斯达克跟纽交所合并能节约多少成本、带来多大的协同效应。我知道我可以削减他们一大块的运营成本。我们最终商定，由洲际交易所接受泛欧交易所以伦敦国际金融期货期权交易所（LIFFE）为首的衍生品业务。

从许多方面来看，伦敦国际金融期货期权交易所是泛欧交易所的明珠，这是成长型市场里的高利润业务。21世纪最初的几年，伦敦国际金融期货期权交易所还是一家独立公司，正打算把自己卖掉。人人都以为伦敦证交所会买下它，但不知怎么，克拉拉·弗斯（伦敦证交所的首席执行官）却让它从指尖溜了出去，总部位于巴黎的泛欧交易所趁机"窃取"了伦敦最优质的金融资产之一。如今，伦敦国际金融期货期权交易所再次进入拍卖市场，成了有待洲际交易所（洲际交易所本身也是多家衍生品交易所的集合）采摘的完美资产。

因此，在纳斯达克–洲际交易所拟议收购纽交所–泛欧交易所这笔交易中，我们愿意接受（从某种意义上而言）劣质业务，也即收购所得利润率较低的部分。换句话说，也就是所有的股票交易所（纽交所和欧洲证交所）。洲际交易所将拿走利润率较高的欧洲衍生品交易所，这对他们来说也很自然。把纽交所庞大的股票业务称为"劣质"似乎有所不当，但跟伦敦国际金融期货期权交易所的利润率比起来，它的确较差。但不管利润率是多少，股票都是纳斯达克的生意，我们知道怎样像一台精密机器那样运作它。

2011年4月1日，纳斯达克（当时叫纳斯达克-OMX）和洲际交易所对纽约泛欧交易所发起了竞标。我们的报价是每股42.50美元，总价113亿美元，比德意志交易所的报价高出19%。我们认为，纽交所董事会必须认真对待这一出价。我们的溢价比另一项提案高出这么多，他们怎么能拒绝呢？我们在宣布收购邀约的新闻稿中概述道："鉴于我方提议明显更优，我们希望纽交所-泛欧交易所的董事会能够很好地认识到这一机会，以及它给纽交所-泛欧交易所的员工和客户带来的好处。"

尽管声明所指出的事实毋庸置疑，但达成这笔交易还有一块巨大的拦路石——司法部。由于纳斯达克和纽交所的合并将极大地改变美国的交易版图和竞争局面，司法部将对这笔交易进行严格的反托拉斯审查。在担任纳斯达克首席执行官的8年里，我对华盛顿的节奏有了很多了解。我知道反托拉斯之战的胜负取决于对市场的定义。如果从全国性市场的角度来解读，纳斯达克和纽交所联姻，将形成非竞争性垄断。而如果从全球市场的角度来看，我们会是领导者，但并非没有竞争对手。而从后一视角看，现在正是全力以赴的时候，看看能不能把两家伟大的美国上市机构变成一家全球巨头。还有什么能比这对纽约更好呢？甚至，还有什么能比这对美国更好呢？

与美国司法部的曼妙之舞

奥巴马政府并不以亲商立场著称。我们的第44任总统就职时,金融行业刚刚崩溃,在很多人眼里,它还是搞砸经济的罪魁祸首。"占领华尔街"抗议活动将在几个月后爆发,公众情绪对任何跟华尔街相关的企业都不太友善。我们知道,拟议交易肯定会招来一定的怀疑猜忌,但在我们看来,它牵涉的议题,不管是好是坏,都跟华尔街无关。事实上,任何头脑清醒的人在论述导致金融危机的种种问题时,都不会把交易所牵扯进来。

我们感觉,这是一个构建一流全球上市交易所的机会。在向美国司法部推销自己时,我们把纳斯达克描述成"全球市场的强劲竞争者"。在政治方面,我们的重点略有不同,我们强调的是,这桩交易将为国家挽留纽交所这颗美国企业明珠的所有权。毕竟,纽约证券交易所-德意志交易所收购提案的言辞再漂亮,也掩饰不了事情的核心:一家德国企业要收购纽交所。公关部门尽可以随心所欲地编造故事,但赤裸裸的实情就是这样。

在全球化的商业世界里,这些议题看似无关紧要。美国和欧洲的金融业早已深深地交织在一起。尽管如此,以我对华盛顿政治阶层的了解,我知道这是个萦绕在他们脑海里的问题。《华尔街日报》报道说,参议员查克·舒默一听说这桩拟议交易,就追问尼德奥尔："你为什么要这么做？你就不为纽约想想？"当时担任国会问题资产救助计划监督委员会主席的泰德·考夫曼（Ted Kaufman）也对纽交所遭一家德国公司收购表示担忧，并断言"这是通往美国衰落之路的指示牌"。抛开激烈的言辞，纳斯达克和纽交所的合并将是对这些担忧的有力回应，我们在华盛顿和纽约花了大量时间确立这一论证。有趣的是，有一个人似乎真的很欣赏两家美国股票机构合并（同时回绝德国企业的收购企图）背后隐含的爱国魅力，他就是唐纳德·特朗普。他给我发来《华尔街日报》上一篇有关我们竞标的文章，并附着一条潦草的短信："干吧，鲍勃，干吧！"

4月中旬，我们向美国司法部提交了第一轮文件，也即HSR申报。过了几个星期，司法部发来"第二次要求"，事务涉及范围更加广泛。这是美国司法部调查就可能引发反竞争担忧的并购交易所进行的证据开示程序。用我自己的话来说，那就是"一场能终结所有肛肠病考试的肛肠病考试"。完成第二次要求的工作量大得超乎人想象，最终，就拟议的并购和公司合并，我们提交了整整一屋子的文件，尽我们所能地回应了美国司法部的所有调查需求。华盛顿的反垄断法是一笔大买卖，在这个过程的最高潮，我们大概有近100名合同律师为这个案子而奔波。许多律师都曾在司法部任职，基本上，这就是一道旋转门，人们在政府和私人机构之间来来往往。实际上，奥巴马任命的反垄断部负责人克里斯汀·瓦尔尼（Christine Varney）就是个完美的例子。到我撰写本书时，她成了一家大型律师事务所的反垄断主管，帮助大企业进行反垄断审查谈判。2011年，她是决定我们并购案命运的主要人物。实际上，她的地位掌握着一支独特的力量。相比之下，美国证监会主席只是5名委员之一；同样，美联储主席也只是联邦公开市场委员会12名委员之一。相较其他机构，反垄断部负责人在这个职位上拥有更大的权力。

我们一边遵从司法部的要求，一边还必须说服纽交所的股东，争取时间推进这一过程。实际上，尽管纳斯达克–洲际交易所的提议是一笔更好的交易（比德意志交易所的提议高出十多亿美元），但纽交所仍在尝试推进与德意志交易所的合并。公布消息后几个星期，纽交所宣布，他们突然发现与德国交易所达成交易可以额外节约1亿美元的成本。很明显，纽交所的管理层正手忙脚乱地让自己偏爱的交易跟我们的比起来显得没那么不足取。

反垄断担忧对我们的事业没有帮助，但实际上，竞争对手的收购也有它的监管障碍，它必须获得美国外国投资委员会和布鲁塞尔监管机构的批准。我们的提议还包括3.5亿美元的甜头：如果交易最终获得股东批准，但遭美国司法部否决，股东将得到现金补偿。与此同时，由于担心德意志交易所的交易低估纽交所的价值，部分纽交所股东要求其董事会和管理层跟纳斯达克讨论相关条款。为了赢得更多的支持，5月11日，我们给纽交所的股东写了一封公开信，恳请他们考虑我们的竞标，不要安心接受一桩低劣交易。公开信题为《干吗这么急？》。

"为什么纽约泛欧交易所集团要求股东在尚未了解全部事实的情况下批准一桩高风险、低价值的交易呢？"我们问。"为什么你的董事会要催促你投票？为什么他们拒绝跟纳斯达克-OMX和洲际交易所会面，探讨一条在经济上明显更优越的出路？"公开信进而重申了合并的好处，说明纳斯达克-洲际交易所的交易为何带来了更高的价值。信件的结尾直接诉诸股东的情绪："纽交所-泛欧交易所董事会被自己的判断冲昏了头，甚至不愿意考虑手里已经掌握的事实——不要让他们拖着你接受明显更糟糕的德意志交易所提议，却不告诉你做出明智判断所需要的全部信息，你才是纽交所-泛欧交易所的最终所有者。向你的董事会提出要求，要他们跟我们会面，同时追问他们：'干吗这么急？'"

我们准备向美国司法部提出申诉时，最担心的是上市业务。我们的第一套计划是证明上市市场是全球性的。有越来越多的中国和以色列公司在美国上市，大量的亚洲公司在中国香港或新加坡上市，还有相当多的欧洲和非洲公司在伦敦上市，我们希望，这能成为一个有说服力的故事。麻烦的部分在于几乎所有的美国企业仍然都在纳斯达克和纽交所上市，故此，待议中的合并会成为实际上的全国性垄断。故此，我们还准备了一些所谓的"补救措施"作为预备方案。例如，我给另一家大规模全国性交易所BATS的首席执行官乔·拉特曼（Joe Ratterman）打了电话，初步讨论了怎样在纳斯达克和纽交所合并后，保持上市市场的竞争局面。BATS有兴趣从纽交所挑1000家左右的公司接手其上市工作吗？基本上，兴许我们需要替上市业务扶持一家"可信的竞争对手"，而BATS似乎是唯一候选人。在律师的建议下，我们把这些补救措施放在自己的后裤兜里，方便收到司法部答复后使用。

我们最终应反垄断部要求提供第二份申请时，以为他们要花很长时间来通读材料。毕竟，我们才刚刚把排山倒海般的文件放到他们家门口。我们做好了回应准备，尽管我们仍然在公开向纽交所的股东论证这笔交易的好处。

与此同时，我决定短暂休息一下。说到底，第二轮申请可能需要审核一个月甚至更长时间呢。出于一个偶然的机会，我收到了前往奥古斯塔打高尔夫球的邀请。这是一个难得的机会，来得正是时候。至少，我是这么想的。5月10日星期二，我放了一天假（我太需要休息了），前往佐治亚州。我试着把交易的事抛诸脑后，浸入这个著名球场的氛围——过去一个世纪，许多伟大的高尔夫球手都曾在这里大展拳脚。直到我在第10洞上第二次击球时，我的电话震动起来，我在奥古斯塔的快乐插曲被美国司法部宣告作废。

埃德告诉我，司法部会起诉阻止这桩交易。他们将在星期一宣布。

"什么？"我感觉肚子上吃了一记重拳。"他们怎么来得及考虑我们的提案？我们发给他们的材料，他们恐怕连一成都还没看完。我们甚至还没讨论有什么补救措施呢。"我有些恼火，但尽量压低声音。

"我认为他们显然是打算好一阵了，"埃德回答，"他们的立场早就站稳了，只等着我们提交申请。他们星期五给了我们一个小时的辩论时间。"

"瓦尔尼一定是把它当成了召开新闻发布会的借口，这下反垄断部就有机会站在聚光灯下享受美好时光了，至少在我看来是这样。"或许这么说不公平，但我真的没法得出其他任何结论。

我们原本审慎地筹划了该怎样公布补救措施，可这一下，我们只有一招了：那就是一次性地把我们手里有的牌全部打出去。接下来的几天，我紧锣密鼓地跟BATS的拉特曼进行对话。那周星期五，我们会见了美国司法部。我们主张，我们提交的申请包含了有价值的信息，至少值得他们花时间看一看，斟酌一番。此外，我们还解释了招募BATS作为上市竞争对手的计划。

对方的反应温和了许多，但于事无补。他们仍然打算宣布起诉阻止这桩交易。之后，他们公开与我们会面，似乎没有什么能阻止他们举行那场记者招待会。

在反垄断法庭上击败司法部并非没有先例。我们在SunGard就那么做过，但那时情况特殊，进度很快。而且，那一回的事情在媒体上的知名度远远比不上这一次。与美国司法部的恶斗有可能花上一年，甚至更长时间，而对这样一桩庞大的交易来说，一旦悬而未决，事情就难办了。整桩生意都将进入不确定状态，这绝非好事。而且，如果你输了，不利情况只会加剧。从根本上说，我不想走这样的险招。

2011年5月16日，司法部召开新闻发布会，我们极不情愿地宣布放弃收购纽交所。我们不愿为了合并而卷入官司。但事情还没完。我们仍有一线希望（完成新闻发布会之后），兴许与司法部的进一步对话能结出果实来。我们正式放弃了竞标，私下里却仍打算跟瓦尔尼及其团队展开一系列新的幕后谈话。他们表示愿意听。或许我们还能通过恰当的补救措施打捞这桩交易。

经过一系列的深入探讨，拉特曼和我终于达成了协议的框架。等交易完成后，我们会把在纽交所上市的1000家挂牌公司卖给BATS。我们向司法部介绍这些方案时，他们似乎接受了。可随着讨论的展开，我们卡在了一个关键的症结上。他们说，我们不能只卖纽交所的上市公司，纳斯达克也得卖出一些上市公司。整个设想每分每秒都在走向恶化的境地。

此外，司法部还告诉我们，他们需要进行所谓的"现场测试"，以验证BATS上市提议的可行性。这就是说，他们会直接去询问上市公司对此事的看法！这是一条我们绝不能跨过的红线。想想看，美国司法部某位反垄断律师给微软公司的史蒂夫·鲍尔默（Steve Ballmer）打电话："嗨，史蒂夫，这里是司法部。纳斯达克的那个白痴，罗伯特·格雷菲尔德在想，要是纳斯达克把你的上市资格卖给BATS交易所，你是否同意呢？我们不是说这真的会发生。有可能不会。只不过，作为一种理论可能性，你觉得这听起来怎么样？"

向在纳斯达克长期挂牌上市的50家忠实企业重述如上对话，让我感到恶心透顶。我决不允许发生这样的事。失去1000家纽交所上市公司是一回事，反正我们也从来没拥有过，可反过来说，把纳斯达克的中坚拥趸送上砧板就是另一回事了。这是一种不可接受的补救举措。

这事结束了，我很泄气。放弃收购伦敦证交所至少是我们自己决定的，可这一回，是别人替我们拿的主意。当然，结果都一样。我又一次伸手去追逐全球性上市机构的梦想，并再一次遭受了挫折。我垂涎自己得不到的东西，还为此陷入沮丧。

痛苦的后记

纳斯达克和洲际交易所既已出局，照理说纽交所可以自由地跟德意志交易所成交了。但事实证明，这远比预期中要困难许多。欧洲监管机构对合并后公司的规模（尤其是欧洲部分）持批评态度。包括纳斯达克在内的许多市场参与者都向欧洲监管机构提出了反对意见。合并后，它们将在欧洲的衍生品清算业务中占有90%的市场份额，这将引发反垄断问题，我们也为自己在北欧规模小得多的衍生品清算业务将要面临的竞争而担忧。审查过程从夏天一直拖到秋天，到2012年初，合并前景越发无望。到2月，它彻底偃旗息鼓了。就合并和收购而言，这是手忙脚乱，但到最后一无所获的一年。

呃，更正一下，是几乎一无所获。我们"几乎合并"的后记是一轮真正的收购，只是纳斯达克没有参与。2012年12月20日，我们的前合作伙伴洲际交易所宣布了收购纽约泛欧交易所的计划并获成功。创办220年以来，纽交所头一次不再是一家独立机构了。这是10年领导失败带来的商业恶果，哪怕纽交所这样的巨头也不能幸免。洲际交易所并不从事股票业务，所以它们不存在纳斯达克那样的反垄断问题，从监管的角度来看，这是一条畅通大道。在我看来，纽交所的管理层和董事会都没有意识到这家组织的真正价值，他们没有尽到对股东的责任。

从我位于自由广场一号的办公室往下俯瞰，很难看出这场合并带来的痕迹。这对洲际交易所来说是一桩绝佳的交易。在宣布交易的新闻稿中，斯普雷彻指出："我们可以在两年内实现大规模的协同效应。"我忍不住想，是谁向他展示这些协同效应的？洲际交易所收购案获批后，斯普雷彻〔以及日后最终担任首席执行官的汤姆·法利（Tom Farley）〕大刀阔斧介入了纽交所的运营，清理了整个地方。他裁削、精简，最终，大概将运营成本减少了超过5亿美元。我人生最大的遗憾之一就是没能亲手去清理那个地方。我对斯普雷彻在纽交所的工作表示敬意，只不过，我希望自己曾参与其中。

一个时代的终结

在所有这些戏剧性的高潮中，纳斯达克（和我）又蒙受了一次巨大的损失。那期间，我抽空拜访了我们位于马里兰州罗克维尔的办事处，那是阿迪娜正式的工作和生活驻地，虽说她经常出差，并有大量的时间要待在纽约。

一天下午，我顺道去阿迪娜的办公室打招呼。她请我进去，等我关上门，她给了我一个伤感的表情。"请坐。我们得谈谈。"不知为什么，我立刻就知道她要说些什么了。

"鲍勃，我一直在想，"她开始说，"我决定是时候离开纳斯达克了。我想在华盛顿多陪伴家人。我也觉得现在是尝试些新东西的最佳时机。华盛顿的凯雷投资集团向我发出了担任首席财务官的邀请。他们要上市，我可以带领他们完成这个过程。"

阿迪娜在纳斯达克度过了整个职业生涯。有时候，她就像是交易所里出生长大的似的。我猜，她连血的颜色都带着纳斯达克蓝。多年来，我见证她成长为一名出色的高管，我依赖她的支持、建议，看重她了不起的职业道德。在业务的许多方面，尤其是过去几年我们进行的多次收购（及收购尝试）当中，她都是我们非常看重的合作伙伴。我没法想象没了阿迪娜的纳斯达克。

那天，我坐在自己正值盛年的门生对面，对她说："你看，我不愿意让你走，但我能理解。趁着孩子们年纪小，还在家的时候，多花些时间陪伴家人，这对你有好处。凯雷的机会听起来很棒，带他们上市会是一场冒险。"

凯雷集团是世界上最大的替代资产管理公司之一，总部位于华盛顿特区。那里满是"宇宙我最大"类的狂人，其中不少人像把持私人封地一般运营着自己的基金和投资组合。把所有这些孤狼集中起来组队上市，是一桩非常适合阿迪娜发挥才能的挑战。她还能跟联合创始人大卫·鲁宾斯坦（David Rubenstein）、比尔·康威（Bill Conway）和丹·达尼罗（Dan D'aniello）直接合作，这是个宝贵的机会。但我也知道，等凯雷真正上市之后，这项工作的动力很快就会发生变化。实际上，在凯雷这样的公司（它是多支基金的集合，大多数运营和真正的业务决策都是子部门做出的），担任首席财务官不会是最刺激的冒险。阿迪娜是一位运营高管，喜欢事事参与。她真能开开心心地在凯雷这样本质上是非运营企业的地方长久待下去吗？

失去阿迪娜不是件容易消化的事，但这也是身为首席执行官的一部分。不可避免地，你会失去优秀的人才；你必须舔舐伤口，继续前进。没人是不可取代的。几年前，纳斯达克也告别了克里斯·康坎农，他前往沃途金融出任首席运营官了。现在，阿迪娜也要走了。我知道她做了多少贡献，填补了多少空白。她的一位直接下属曾对我说："我必须尽快完成这项工作，要不然，阿迪娜就要帮我完成了！"我不愿纳斯达克没了她留下的实质性足迹。

尽管如此，我也知道，对阿迪娜本人而言，离开纳斯达克并在不同的环境里展翅翱翔是件好事，我希望她知道，我衷心地祝福她。不过，在私下里，我想她会回来的，她会回家的。那时，没人能知道未来会怎样，但我真的认为她会成为合适的首席执行官人选——总有一天会的。或许，那会是在纳斯达克。

领导力经验

- **上市公司永远处在待售状态。**如果它经营低效，迟早有人会注意并意识到自己可以做得更好。

- **偶尔的失败是心怀大志要付出的代价。**在事业上也跟在生活里一样，当你敢于攀登高峰，你也要迎接一些不可避免的失望。

- **优雅地放手让人走。**如果你培养的是真正的领导者，很可能，他们中有一部分人会到其他地方去。这不是失败，这象征着别人认可你的成功。保持优雅，给予支持——你永远不知道，你们的人生之路将怎样再次交会。

11

—/W—

折戟Facebook

MARKET MOVER

LESSONS FROM A
DECADE OF CHANGE
AT NASDAQ

"Facebook的IPO：都发生了些什么见鬼的事？"

*CNN*财经频道，2012年5月23日

有一张照片捕捉到了那个瞬间：纳斯达克首席执行官罗伯特·格雷菲尔德高举拳头，站在我们这个时代最伟大的一位科技偶像身边，陶醉在庆祝情绪中。这张照片后来成了折磨我的幽灵，但在2012年5月18日日出之后一段极短的时间里，我享受到了绝对成功的喜悦。这是纳斯达克十年来持续复兴过程中最辉煌的成就。不管以何种标准衡量，这都是交易所最重要的一个瞬间：引领了历史上规模最大的一轮IPO上市——Facebook。

　　那天早上，我站在硅谷中央深处一片原始绿色草坪上，那里是曾一度占主导地位的计算机巨头太阳微电子系统公司（Sun Microsystems）从前的园区。在科技世界的精神震中，时间流逝得很快，如今，硅谷的新一代大公司占据了这些建筑。这是一家年轻、生机勃勃、具备终极网络效应的组织——一个连接了近10亿人的虚拟社区。从企业的角度来看，它似乎前途无量，布鲁斯·奥斯特在其组织内部花了无数的时间建立和培养自己的人际关系。几个月前，他打电话告诉我一个好消息：我们拿下了首轮公开募股。"除了你，这事没人能做到。"我们喝着香槟庆祝时，我对他这么说。那是幸福的一天，它代表的不仅仅是纳斯达克IPO名单上又多了一个名字。它是对我们组织品牌的巨大肯定，而且，这场IPO也是纽交所梦寐以求的。

那天早上，我和布鲁斯一到Facebook总部，就跟马克·扎克伯格（Mark Zuckerberg）聊了几分钟。这是我第一次与年轻的梦想家交谈。他和蔼可亲，热情好客，讨人喜欢。扎克伯格穿着他标志性的连帽衫，身边陪同的是Facebook首席运营官谢丽尔·桑德伯格（Sheryl Sandberg），不久后，她出版了畅销书《向前一步》（*Lean in*），很快成为美国最著名的首席运营官。闲聊了几分钟后，我们大步走到外面参加庆祝活动。

在接下来的几个小时里，Facebook的股票并不会真正开始交易，但这是员工们的胜利时刻——让他们有机会意识到，在这段非凡的旅程里，自己已经来到了这个关键的节点。Facebook终于上市了，每个人都想参与其中，员工们也不例外。许多人熬夜参加了具有象征意义的通宵黑客马拉松，数百人聚集在名为"黑客大道一号"（One Hacker Way）的庆祝活动现场。

"在过去的8年里，你们所有人共同创建了整个历史上全球最大的社区，"扎克伯格对人群说，"我迫不及待想要看到你们接下来会做些什么！"随着我们开始进入太平洋时间清晨6点30分的开幕式倒计时，人群爆发出一阵欢呼。

5，4，3，2，1——钟声响起，人群欢呼，卫星的天线将我们的面孔传送到世界各地。扎克伯格、桑德伯格和他们团队的其他成员拥抱着、微笑着，我站在他们身旁，高举着拳头。这张庆祝活动上的快照，原本会让我在未来的几天甚至几个星期里重温那些微妙的细节。

开市钟声带来的兴奋感逐渐退去，我说了声再见，接着就快速跳上一辆去机场的车，准备前往东海岸。看着清晨的阳光驱散弥漫在帕洛阿尔托上方山谷的薄雾，我想到了自己在纳斯达克征途上见到的一座座里程碑，正是它们成就了眼下的这一刻。

自从我担任纳斯达克这家公司的首席执行官以来，时间已经过去了快10年。10年前，这家公司濒临破产，亏损无算，在快速发展的金融产业里影响力持续走低。它体质虚弱，军心涣散，官僚作风严重，面临监管挑战，在技术上越来越落后。可到了2012年，它强壮有力，欣欣向荣，走向全球，而且利润率高，技术领先。市场在发生变化，而纳斯达克科技公司的实力开始能跟之前主导市场的老牌工业巨头一较高下。诸如通用电气、埃克森美孚和沃尔玛这样在纽交所上市的公司，其市场份额已开始被苹果、谷歌、亚马逊和微软这些纳斯达克的中坚力量取代。我们拥有最好的技术。我们站在浪潮之巅。我们掌握专业知识。我们的业务遍布全球。我们的软件和服务特许经营机构不断增长，为世界各地的交易所提供了动力。我们是世界最伟大的品牌之一。现在，我们还拥有了Facebook。

正在我做美梦的时候，车里的电话响起来，幻想被打得粉碎。是我的首席信息官安娜·尤因。

"鲍勃，我们碰到麻烦了。"

我从她的声音听出她是认真的。该死，我心想，现在可不行。

"怎么了？"我问。

"是Facebook的IPO，"她回答，"有地方出岔子了。"

就从那一刻起，一切变得糟糕起来。

故障梳理剖析

交易日中最重要的时段是开盘和收盘。每天上午9点30分，股票订单簿中的每个买家和卖家就被集合到一台虚拟拍卖会里。机构交易商、散户投资者、共同基金经理、养老基金顾问、对冲基金大亨、短线交易员……他们所有的订单在虚拟中交叉混合，创造出一桩无比神奇的事件——发现真正的价格。在今天的股票市场，我们认为价格发现是理所当然的，它是股票市场所承担的最重要功能。

2003年，我刚到纳斯达克的时候，开市和收市的竞价数量都少得可怜，这是我们交易服务的重大缺口。上午9：30，我们的开市钟会响起，而第一笔交易，无论大小，都代表当天的开盘价。这个价格并不能可靠地反映市场上的买卖活动。因为市场里没有足够的价格发现。收盘时也是如此，我们没有业内所说的"交叉收盘"：所有的订单都"交叉"成交，或是在算法决定最终价格时全都考虑在内（就跟真正的拍卖一样）。

在2003年，我们的一些大客户感到十分沮丧，因为他们不得不以来历如此蹩脚的开盘价和收盘价来标记其指数。标准普尔找到我们，说哪怕是针对在纳斯达克上市的股票，他们也准备采用美国证交所的竞价方式。这立刻成为一个紧迫议题，坦率地说，也是一个叫人尴尬的议题。我让阿迪娜去寻找解决办法，这是她在我的领导下经受的第一次真正的考验。她与纳斯达克首席经济学家弗兰克·哈瑟威（Frank Hatheway）以及一支小团队一起着手研究这个问题，并成功地重建了我们的开盘和收盘竞价。纳斯达克的交易市场有了明显的改善，我们的客户也松了一口气。

2005年收购INET之后，客户开始要求我们采用跟开盘和收盘竞价相同的方式，重新设计IPO初始价格发现的公开拍卖。我们谨慎地寻求他们的反馈，以制定IPO流程的新规范。我们能做得更好吗？有一个客户抱怨的地方是最明显的：在原来的开盘和收盘竞价中，我们设计了一道虚拟的"门"，不让新订单涌入，也不让现有订单取消，这个过程始于最终竞价发起的前两分钟。客户要求我们把这段时间缩短到几秒钟，他们认为，在瞬息万变的股市中，两分钟等于一辈子。

在改进设计期间，我们的工程团队认为自己想到了一个更好的主意。他们想，要是根本就没有门，要是竞价能考虑到所有现有订单和撤单，（如有必要）并经重新计算，将竞价过程中启动的所有额外订单和撤单都考虑在内，那不是很棒吗？

于是，他们设计了没有门的IPO竞价。如果有人在拍卖运行的几秒钟里发送了撤单消息，那么整个过程就将重启，只为了这一笔订单！考虑到处理速度和计算能力的提高，竞价的运行速度越来越快，这看起来就像该过程的自然演变。不关门竞价的方式是在几乎没有任何人知道（只有开发团队里的几个人知情）的条件下确立的。

这是过度设计的一个典型例子。从概念上看，这是一个漂亮的设想——如果它站得住脚的话。这有点像是在飞行中给飞机加油——从技术上说很棘手，但只要能成功，也挺不错的。而且，它似乎运转得不错，我们顺利运行了450次，一次故障也没出过。事实上，让不关门竞价再运行100年也不出现一次问题不见得做不到。但在Facebook的IPO这一独特的事件中，诸多因素汇聚在了一起：散户投资者表现出巨大的兴趣，IPO历史上前所未有过的庞大规模、开盘前人们对价格惊慌失措、突然出现了大量的撤单，问题就这么产生了。

第一次竞价进行得很顺利，但在竞价进行的过程中出现了几手撤单。程序的逻辑是，再运行一次。最初的撤单处理了，但等它再次运行时，又出现了更多的撤单。于是它再一次进行竞价。就跟谚语故事里说的一样，红王后越跑越快只是为了保持原位，于是她没能撑到拍卖的最后。撤单不断出现，它不停地运行，重新运行。它没办法完成。

事发当时，我们不知道自己的IPO代码出了什么岔子，过了一阵，一切都清楚了。但在关键的20分钟内，IPO未能确定开盘价。我们发表了一项延期声明。随后，我们把IPO转移到另一套使用更简单代码的匹配引擎，并用它成功启动了IPO。在此次开盘中，我们使用了上午11点11分系统中存储的委托簿。上午11点30分，我们根据该委托簿，开始正常交易Facebook的股票。到中午，我们的交易量已经超过2亿单。

但这样一来，我们跟华尔街其他大型机构之间就形成了信息缺口。直到下午1点50分，纳斯达克才从最初的引擎中得到开盘拍卖的委托确认。有些是"来不及取消"的通知，它们告知客户，由于拍卖出现的问题，客户的撤单未能得到处理。这也就是说，参与此次IPO的投资银行和其他机构有近两个小时无法获得（最初的关键20分钟内的）下单和撤单的确认，无从知道自己的风险敞口。他们的委托订单到底是完成了还是没完成？他们的撤单通过了我们的系统吗？他们到底买到了Facebook的股票吗？在那中间的几个小时，很多人什么都不知道。

就像技术（和生活）中的很多事情一样，具体的技术问题很小、短暂，很快就能加以控制，但它给后续工作造成的损害却是严重而深远的。它在华尔街错综复杂的交易系统中掀起了涟漪，影响了人们对IPO的看法，也影响了交易行为。随着时间的推移，投资者对纳斯达克的失望情绪有增无减。到交易时段结束时，Facebook仍在正常交易，但数百名愤怒的客户声称，因为撤单未能完成，自己在最初的混乱状态中损失了数百万美元。

要是Facebook的股票当天上涨了，那些客户会因为仍然持有股票而兴奋不已。可惜，Facebook在上市的第一天（以及随后几天）始终在下跌，因此，在最初几分钟内无法撤单的投资者（短期内）损失惨重。当然，那些想在开盘时购买Facebook股票，但无法完成订单的客户实际上避免了损失，现在他们可以用更低的价格购买Facebook了。考虑到它即将迎来历史性的牛市，我只能希望他们真的买了。

在那一天，高盛是最机灵的。他们发现我们的系统出了问题，便立刻切断了与纳斯达克的连接，所以我们的问题对他们的影响微乎其微。其他客户，如瑞银（UBS）和骑士资本（Knight Capital），在纳斯达克发出确认通知之前就向自己的客户确认了撤单，一头栽进了麻烦。正常情况下，确认通知只是一种形式，但在这种特殊情况下，事情就不一样了。购买委托或撤单进入交易所，在确认通知发送的时候，其实仍然处在活跃状态。等我们的系统恢复时，我们发出了"来不及取消"的通知，并附有股票订单确认。这些客户仍然持有股票。而在某些情况下，他们却已经向自己的散客投资者确认了撤单。

光是在那一天，后果也来得分外扎眼。华尔街要求得到解释和赔偿，并开始向城里的每一个记者唠叨纳斯达克的名字。媒体立刻施压，要求给予回应。竞争对手趁机向我们开枪。好些年来，纽交所一直忍气吞声，它可不肯错过这次短暂的机会。Facebook自然也很不高兴。等我的航班在东海岸着陆，纳斯达克已陷入重重包围。

客户方面的余波

"瞧，错误已经发生了。我们不太高兴，但能理解。"在IPO活动几个星期后我们首次联系时，谢丽尔·桑德伯格宽宏大度的话很暖心。我飞到加利福尼亚去见她，尽我所能地回应所有因IPO技术故障而受到影响的人。Facebook当然是这份名单上的第一位。桑德伯格很直接，但也非常亲切。很明显，他们对IPO很不开心，但她回了一记最好的斡旋球："一切还得看我们双方之后的表现，这不是一天的事情。"

我毫不怀疑，这起事件让Facebook高管团队的每一个人都感到极度沮丧，他们之所以选择在我们交易所上市，原本看中的就是纳斯达克在技术上的卓越声誉。这对他们的信念是个打击，但他们选择了坚持。随着时间的推移，我希望我们能够修复对这一重要关系的损害。

另一段亟待修复的关系是我们与华尔街客户的关系——投资银行、承销商以及直接受IPO推迟和订单混乱影响的机构。在混战中实际损失了多少钱？各方渠道抛出过很多数字，从数千万到数亿美元不等。我们决定承担全部责任，但也不能人们说亏损了多少我们就认多少。我们需要采用一套合理而公平的流程来解决索赔，确定我方责任。埃里克·诺尔（Eric Noll）接任了克里斯·康坎农的交易服务执行副总裁职位，他正在想方设法选定一套用于估算赔偿的流程。证券交易委员会也在进行独立调查，不管我们上交什么样的方案，他们都将批准。

我们实际要承担什么样的法律责任呢？可以说，几近于无。我们在规则手册中有一条款明确规定，我们对交易损失要承担的责任十分有限。但如果我们损害了自己的品牌，惹恼了所有的商业伙伴和客户，光是合乎法律对我们又有什么好处可言呢？经董事会协商，我们决定针对这次的特殊情况改变政策。这是一个微妙的决策——我们可不想打开一扇门，让那些与Facebook毫无关系的虚假法律索赔铺天盖地地涌进来，开创一个会让我们后悔的先例。但具体到这一轮IPO以及由此产生的后果，我们决定尽量兑现那些针对我们的合理索赔。

美国证监会强调，我们应该尽量客观地判定索赔，并以平等的基础对待所有客户，他们不希望我们为了将来的利益或业务，而给予一些客户特别的优待。这也就意味着，在裁决的过程中，我们不得与客户协商。埃里克分析了形势，我们一起构思出了一套方案，只不过，它基本上隔绝于环境。华尔街上议论纷起。许多人都觉得这个方案未能充分地承担责任。于是，埃德·奈特回到证监会，说服他们：我们必须要直接跟受影响的客户打交道才行。他们让了步，我们修改了方法。

接下来的几个星期，我跟城堡投资公司（Citadel）的传奇创始人兼首席执行官肯·格里芬（Ken Griffin）展开了广泛探讨。他是业内交易谈判最强硬的一位首席执行官，绝非浪得虚名。在这件事上，他的分析思维发挥了宝贵的作用，帮助我们设计了一套非常公平的方案，并"实现成交"。我们在一起谈了很多次，他针对纳斯达克的计划给出意见，接着，他帮助我们把它推销给那些受到影响的人。

经过艰苦的讨论，我们达成了最终协议。我们决定，在一段特定的窗口期，如果你下单卖掉现有股票，或是发起了买入订单随后又撤单，我们会当成订单获得确认，按Facebook随后股价下跌导致你亏损的钱来支付赔偿。换句话说，在我们系统发生故障的极短时期，我们按系统照常运转的情况对人们赔偿。作为协议的一部分，我们甚至假设市场有着吸收卖单和撤单的无限容量。纳斯达克估算了债务的规模，并拿出钱来应对所有可能的索赔。美国证监会批准了这一方案。美国金融业监管局（FINRA）及其首席执行官瑞克·凯彻姆（Rick Ketchum）欣然同意承担该过程的审计工作。

在我们最后一通关于Facebook的IPO事故的电话中，我向格里芬介绍了最后的步骤。一切都谈妥了，华尔街几乎所有的主要参与机构都接受了我们的条件。这漫长的过程叫人筋疲力尽，它涉及数百万美元的损失，也为此类谈判增添了少许的情绪。大多数时候，我都坐在同事、竞争对手或朋友们的对面，跟他们立场相悖。

我说完最后的细节，格里芬在电话线路的另一头暂停了一下。"格里芬，一切都合理吗？"我问。他回答说："是的，看起来挺好。我感谢你为此做的工作。"接着，他停了一下，慢悠悠地又加了一句："我们好了，鲍勃。"

他说的话还有他话里的弦外之音，有一种大局已定的感觉。我拿到了批准章。我们可以继续做同事、做客户，甚至继续做竞争对手了。我将永远感激格里芬在激情时刻的冷静头脑。

本周倒霉蛋

Facebook上市之后的那个星期，我在扎克伯格身旁挥舞拳头的不幸画面在商业媒体频道无限次地循环播放——这是我"从天摔到地"的转折瞬间，它被呈现在全世界面前。我本已习惯了出现在公众的视线中，也经历过媒体超级风暴的短暂时期（尤其是尝试收购伦敦证交所和纽交所的时候），但这一回是个惨淡版。它很难躲得开，而且，在随后的几天和几个星期，叫我吃了不少苦头。"罗伯特·格雷菲尔德：为交易所失火挥舞起拳头"，有新闻标题这么写道。

Facebook上市后的星期六，恰逢我女儿凯蒂庆祝自己的18岁生日。对她来说，这是一个特殊的日子，我们全家和朋友在家里的草坪上庆祝。我还记得，春天的美丽景色跟我脑海中盘旋的乌云形成了鲜明的对比。首席执行官的生活很苛刻，但通常我能全身心地投入到这种特别重要的家族活动里。然而，在这一天，工作和生活不可能隔离开来。茉莉娅紧挨着我，在那似乎无法摆脱的阴郁氛围（哪怕是我们的女儿跨进成年门槛这样的事也没法让它消停）中给了我安慰。

在纳斯达克的前几年，我很自然地在金融界树立了自己的公众形象。我是CNBC和彭博等财经频道的常客，偶尔我也会出现在有更多人关注的节目或平面媒体上。尽管如此，我远远不是一个人人都认识的公众人物。我为一个全球品牌的公众形象尽了自己的一份力，但我并不想站到聚光灯下。然而，我成了媒体热议下声名狼藉的首席执行官。同事们怀疑我的领导能力，专家们要我辞职。我上了《纽约邮报》的"本周倒霉蛋"专栏——坐实了那一时我的丢脸。这一切肯定会过去，但重要的是，我们得平安撑过风暴，让纳斯达克品牌所受的损失降到最小。

从首席执行官的立场而言，我想要排除所有其他干扰，弄清发生了些什么，补救问题。但我没法完全做到。实际上，我们必须同时做数十件事，其中最重要的就是尽我们所能来管理媒体和公共关系。让事情变得更复杂的一点是，我身边的团队正处于过渡阶段。例如，我们正在寻找一位新的高级公关副总，在这种情况下，这是一位相当关键的角色。杰里米·斯库尔（Jeremy Skule）很快将填补这一空缺，并做得非常出色，但这时候，离他到任还有好几个月。

跟我的团队沟通协商后，我认定自己应该接受一次大型采访。我们选择了当时在CNBC工作的玛丽亚·巴蒂罗姆（Maria Bartiromo）。她在商业频道很受欢迎，出镜率高，并且以采访立场平衡著称。她不是一个只想着"这回可逮着你了"的记者。我们希望她能提供一处公共讨论空间，让我能清楚地解释我们在Facebook IPO事件中所付出的努力，让客户了解整个事情的来龙去脉。我们在纳斯达克总部MarketSite大厦进行了采访。巴蒂罗姆和我彼此认识，所以，当我们坐在一起的时候，有一种熟稔，甚至是友谊的感觉。但随着摄像机的转动，事情很快发生了变化。

"你到哪里去了，鲍勃？谁是负责人？"一开始，她就向我发起了挑战。

这可不是一场轻松的采访。她暗示我们的回应太少、太迟。她引用了纽交所公关人员的话，列出了他们对我们的做法所存在的疑问，暗示要是纽交所遇上这样的事，能做得更好。

尽管如此，她还是提出了一些公正的问题，也给了我回答的机会。我们要的无非如此。我知道，我在业内认识的所有人，我所有的朋友、同事、竞争对手，都在看着这一场采访——他们想看一看纳斯达克会怎么回应，我在那个关头又是怎么应对的。重要的是，我要坦承并主动回应，为公司辩护，但不是自我开脱，我必须为我们的失误表示歉意，同时又要划清我们的责任范围，坦率、负责、向前看，同时也要表现出抱歉和同理心。哦，对了，不要说任何会让我们的媒体形势或法律责任变得更复杂的话——你知道，就是一场日常对话罢了。

她的最后一个问题最为棘手："有人的饭碗面临危险吗？这一次，谁的脑袋会落地？"巴蒂罗姆停顿了一下，接着又问："你的饭碗有危险吗，鲍勃？"

"这轮不到我来说，"我回答，"但我认为我的过往记录说明了一切。这对我们来说不是个高点，而是个低点。我们会因此成为一家更好的公司。"

说实话，我从来没有觉得我的饭碗会有危险。

我有支持我的董事会，虽然没人对局面满意，但他们并不嗜血——至少，他们不想要我的血。在那些艰难的日子里，埃德·奈特给了我一些很好的建议。"就让压力放在你身上，"他说，"这就减少了其他所有人的压力，包括董事们。除非董事会本身遭到了公开羞辱或被点了名，承受了直接的压力，首席执行官才会陷入麻烦。"

所以，我试着当众揽下这次错误，承受火力。这似乎是一件正确的事——在战略上、在组织上是正确的，更重要的是，它在道德上也是正确的。媒体迟早会往前看，Facebook的IPO消息会从头条新闻里淡出，我回到公司，把时间花在这次失误所暴露出来的内部问题上。

一道好运符

最初的事件发生几周后，一个星期一的早晨，我坐在办公室里，助手告诉我，阿迪娜·弗里德曼正在大厦里，并要求见我。她担任凯雷集团的首席财务官，近来大部分时间在华盛顿特区度过，但她在纽约时，我们偶尔会聚一聚。不过，这次拜访却出人意料。

阿迪娜走进办公室，一脸感同身受的友好表情。"我刚好在附近，想进来打个招呼。我完全能够想象过去几个星期这里是什么样子。"

她来只是想表示对我的支持。毕竟，她在纳斯达克工作了将近20年，在我手下也干了快10年。即便是在凯雷，她也体会到了纳斯达克当众受辱带来的创伤。经历了几个星期的灾难管理、加班加点的工作、没完没了的公关策划，以及媒体上预言家和权威人士的狂轰滥炸，我很高兴看到一张友好的面孔，她不需要我解决任何问题，也不带着什么阴谋诡计。我们简短地彼此交换了一下生活近况，Facebook事件残留的余波影响瞬间消失了。过了几分钟，阿迪娜起身准备离开。

"临走前，我有样东西想送给你。"她把手伸进口袋，掏出一片小小的四叶草，"我在儿子周末参加的少年棒球联赛的场地边摘到了这个。我猜，你会用到它。"她把它放在桌上，走到门口，又转过身，说："祝你一切好运。"

这善意的举动让我吃了一惊，又深为感动。我可以想象，身为全世界规模最大的私募股权公司之一的强势首席财务官阿迪娜，周末坐在赛场边好几个小时看儿子打棒球。我知道，识别图案是她的一项天赋。她坐在那里，一只眼睛盯着比赛，同时整个大脑都在运转，在夏天的赛场里寻找着心思上的出口。还有什么能比在三叶草丛里寻找图案更好的消遣呢？而且，她多么体贴啊，为我找了一片叶子当好运护身符。

和之前我手下的几位前任高管一样，阿迪娜和我在纳斯达克工作期间建立起来的人际纽带，哪怕在她离开以后也仍然维系着。这在我的纳斯达克团队里还蛮常见的。即便是如今，我仍然经常跟那些一同在纳斯达克高管办公室待过的老同事们见面叙旧。人们常爱说商场如战场，这固然没错，但在我的经验里，合作的纽带令人难忘且经久不变。我相信，对我们这些跟纳斯达克一起经历了多年动荡和变化的人来说，尤其如此。

虽然阿迪娜已经离开了纳斯达克，但她仍然是交易所的宠儿，我仍然希望有一天，我会主动延揽她重新加入纳斯达克。但这样的想法，属于别的时间和地点。如今不是考虑那些已经离开的人的未来的时候。这一刻的问题是，我该把谁的名字加到离职名单上呢？

代人受过

Facebook的IPO事故，谁是真正的罪魁祸首呢？在很大程度上，我认为，纳斯达克工程团队的文化应该为此事带来的麻烦负责（虽说它是我培养起来的）。正是我那支超级天才的开发团队为了追求完美，把好东西变成了敌人，但这并不意味着该怪罪哪个真正的人。如果真的存在渎职行为，甚至有谁不称职，那事情就很容易办，可惜没有谁来纳斯达克工作是为了做坏事、惹麻烦的，Facebook IPO的麻烦也并非真正因为有人失职。

在Facebook上市的那一天，我重新学到了重要一课：在某一时刻正确的方法，换了个时间可能就不再正确了。纳斯达克的开发团队是21世纪初电子通信网络混战时代组建的，他们的运转精简而高速，几乎就像一家初创公司。收购极讯后，他们基本上抛弃了纳斯达克之前的IT文化，也即过去那套"对代码的每一项改动都需经3个部门的3次签名"的方法。这是当时的大势所趋。那也是一个以效率为核心的时代，我们战胜了纳斯达克交易大厅里一度非常普遍的机构臃肿问题。但如今的商业环境发生了变化，生存威胁大大减少，以电子交易为基础的股票行业根本性重组大致上已宣告结束。在纳斯达克的交易业务中，稳定的重要性再一次超过了速度。

然而，跟有机体一样，机构趋向某种惯性，这也就是说，如果没有新的输入，它们往往会继续按照既定轨道运行，除非有什么东西（通常是危机）将系统冲击到新的方向。2003年我最初来到纳斯达克，那就是一场冲击，改变了整个公司的发展轨迹。Facebook事件是另一次，只是程度较轻。

我帮忙创造了一种"工程友好"文化，并对开发人员给予了极大的信任。我并不后悔。纳斯达克的处境由此大为改观，我们得以在市场转型时期保持领先。但现在，我们来到了商业周期的不同阶段。我们不再受到来自技术落后的直接威胁，但另一场公关灾难同样居心叵测。如今，技术演变的压力正从另一条路上斜插而来，而这条路，要我们采用更为保守的方法。在Facebook的IPO当中，我"信任开发者"的文化遭遇了滑铁卢。我们必须再次演变，而且动作要快。

当时，我敏锐地意识到作为组织整体我们所面临的危险。那之后的几个月里，我感到如履薄冰。我们或许已经度过了Facebook风暴，但另一个备受关注的问题是可能会产生灾难性的连锁效应，我们必须不惜一切代价避免它。我们不仅要担心自己的交易所，我们提供的软件可正在全球范围内的90家不同的交易所运行呢！我们一直在更新代码。我们好心的工程团队是否还遮掩了更多的意外惊吓？此外，我们有些客户在运行系统时，本来就不怎么谨慎。但我知道，尤其在这一时期，出了差错谁会受到指摘。多年来，不管我们建立了多少善意储备，在Facebook的IPO危机当中也都暂时耗尽了。我们必须做到完美，哪怕是在一个计算机和软件从不可能完美的世界里。

我向我们的工程团队提出了全公司范围的"特赦"。我宣布，基于近期发生的事件，只要有人意识到系统中隐藏着可能成问题的代码，请立刻说出来。我想要保证我们已经完全公开了一切潜藏的问题，坦白交代将得到完全的"赦免"。

即便如此，真的有谁应该为Facebook事件承担责任吗？考虑到工程团队在这场崩溃中所扮演的角色，应该承担责任的人自然是该团队的领导者。但在斟酌这个问题时，我意识到这并非无能之罪；归根结底，它是一种文化的过错。我经常说，文化是来自最高层的。倒不是说那个人无可指摘，但按同样的道理，我也不是无可指摘，重点就在这里。毕竟，是我鼓励了导致这次失误的文化。罔顾这个难以忽视的事实，是要滑头。我知道，我们需要对技术团队和工程文化进行有意义的调整，但我认为，我们可以为自己输入一些新鲜血液，同时又不搞得自己血流成河。因此，在媒体风暴平息后，我开始寻找一位新高管，领导我们的"后Facebook"改革。

我们需要跳出自己的思维定式去寻找答案。我们请IBM对纳斯达克的IT环境执行全系统范围的审计。外部视角至关重要。总的来说，我们很少聘用大量顾问。我总是记得一个古老的笑话：你雇了一个顾问来告诉你现在几点，他们看了看你的表，给了你答案。但这一回，这正是我们需要的东西——第三方校验。IBM做得很彻底，他们给了我们一份全面的报告，分析我们是如何做每件事的，并提出改进建议。他们说的每件事，我们几乎都知道，但不管怎样说，它有用，而且帮助我们往前迈进了。

我还花时间跟高管团队仔细考虑系统可靠性。我们所生活的商业环境期望我们百分之百可靠。但软件系统永远做不到。每隔几星期，我们就会听说一家大型企业系统出现戏剧性失败的例子。那么，在这个明显不完美的技术世界里，你要怎样协调那些对完美的期待呢？作为研究过程的一环，纳斯达克团队考察了其他一些可靠性至关重要的行业。我们采用了电信业和航空业的一些做法，在这些行业里，系统可靠性事关生死。

多年来，我们的系统已经达到了很高的可靠性——接近99.99%。这听起来让人印象深刻，而且也的确如此，"4个9"固然很好，但要达到5个9（99.999%），才能让你接近零宕机。然而，要想达到5个9，就必然要成为一套封闭得几近无法创新和竞争的系统。虽然我已准备好让我们的IT系统采用更为保守的方法，但我同样意识到，这里头必然涉及权衡。如果我们未来的IT架构决定过度封锁，纳斯达克自身的技术创新就将陷入停滞。在此前的10年，这或许不是个威胁，当然也不是眼下要担忧的事情，但仍然是一种未来有可能出现的问题。如果说纳斯达克有什么样的追求，那就是我们想要变得更像一家科技公司，而不是变得不像一家科技公司。或许我们不需要像此前阶段那样大力追求速度和敏捷，但如果我们想要保持繁荣茁壮，我们就仍然需要创新，仍然需要领导市场。

2012年底，我为纳斯达克搜罗全新IT人才时，锁定了两位潜力人选，一位在一家欧洲银行工作，他有专业人士的保守做派，是个严格、刻板、谨慎的人。他的确是医生针对我们眼下的处境所开出的药方。在考虑聘用他的时候，虽说他能为这份工作带来专业知识，但我还是很担心，毕竟，我还要着眼更长远的图景，不能总陷在眼前的白刃战里无法脱身。当时，Facebook事件已过去了好几个月，它带来的迷雾开始消散。我担心要是雇用了这个人，解决了一个问题，日后却会带来另一个问题。怎样才能引入偏于保守的政策路线，同时保护创新精神呢？不管怎么说，我必须找到一个人，他既有着舞者的优雅，又具备士兵服从命令听指挥的姿态，而且能在两者之间切换自如。

布拉德·彼得森（Brad Peterson）走了进来。他曾是嘉信理财（Charles Schwab）——再之前是ebay——的首席信息官，拥有金融和硅谷两方面的背景。布拉德穿着牛仔裤就来面试了，我猜他应该不是个一板一眼的人物。不过，他自己辩解说，这是个星期六。于是我继续追问。

"你为什么对这份工作感兴趣？"我发问说。

"我对这份工作不是太感兴趣。"他直率地回答。

"可你现在正在接受面试呀。"我有点糊涂，过了一会儿才说。

原来，他是在最后关头才答应接受面试的，根本没花时间认真考虑过。我们的谈话这样开头有些奇怪，但随着话题的推进，我对这个聪明有趣、带着西海岸活力的技术高管产生了好感。有一刻，他甚至直接问我："你认为Facebook的IPO是什么地方出了错？"

我回答说："你可能不喜欢这个答案。那是因为我们的技术开发团队拥有的权力太大了，如果你来这里，就必须对这种状况进行调整。"

布拉德并未惊慌失措。我们聊了好几个小时，谈到了技术、商业、金融和纳斯达克的历史。我感觉他是一个有创造力的思想家，不仅能够解决我们的问题，还能塑造我们下一代的技术平台。等到谈话结束时，我知道纳斯达克已经找到了它未来的首席信息官。

长远涟漪

两年后，在香港的一间会议室里，我和布拉德跟阿里巴巴联合创始人兼执行副董事长蔡崇信讨论他们即将进行的IPO。阿里巴巴是中国有史以来规模最大的IPO，也是自Facebook之后最受追捧的一轮IPO。格伦·哈金斯是我在极讯交易中的谈判伙伴，他现在纳斯达克董事会任职，跟蔡崇信有些私交，他也参加了会议。Investor AB的前任负责人，纳斯达克现任董事会主席博尔耶·埃克霍尔姆也在场。蔡崇信曾为埃克霍尔姆工作过，后来还请埃克霍尔姆加入了阿里巴巴的董事会。换句话说，我们跟阿里巴巴的关系非常深厚。正常而言，这样的全明星阵容会增强我拿下生意的信心。但对大型IPO而言，发生过Facebook事件，就再也谈不上什么正常了。

那一天，在阿里巴巴，布拉德带着我们所有人浏览纳斯达克全新的、经过大幅精简的IPO程序（现在大约只有60行代码），我知道我们已经解决了导致Facebook崩溃的内部技术问题。我相信，我们工程团队的技术和文化变革，正从多个层面提升组织。但这只是故事的一部分。我们还在努力工作，重新获得Facebook事故发生前在业内的声誉和势头。值得庆幸的是，在商业领域，人们的记忆很短，大多数正在斟酌IPO的新科技公司并不在乎Facebook发生过什么。我们在2013年和2014年赢得了很多新的IPO，灾难的喧嚣基本上迅速退去。只有一个问题——银行家的记性比技术专家长，更遗憾的是，对阿里巴巴这样的大型IPO活动，银行家的观点更加重要。尽管在香港付出了努力，但我们还是输掉了阿里巴巴的IPO，这不是因为蔡崇信或马云反对，而是因为来自银行和IPO承销商的压力，他们许多人都把阿拉巴巴这样的大客户朝纽交所的怀里送，理由是"为了更稳妥"。

随着我们的团队反思阿里巴巴这一次的损失，我们也从根本上改变了IPO过程的非技术方面。对这一段始于黑客大道那天清晨的旅程来说，这是最后一步。我们从客户服务的角度着手，跟银行交谈，询问他们希望我们在服务中实现什么。在一定程度上，这是我们思维的演变——从把自己视为一家交易所到将自己变成一家科技企业。交易所采用会员制度，利用自己的系统进行交易，主要考虑的是降低成本。科技公司提供产品和软件服务，客户体验是最重要的。我们逐渐把IPO流程看成一种服务。我甚至采取了重要步骤，把IPO从交易业务划到了企业客户组（上市）。

如今，纳斯达克的IPO过程已不再像2012年时那样，只是一场自动拍卖。纳斯达克的IPO拍卖员以高度敏锐、精心策划、以客户为中心的态度，谨慎监管着方方面面。对于我们的客户来说，这是一个更好的过程，一种更优越的产品，一场大为进步的体验。随着时间的推移，我们的新流程赢得了高度赞扬。我认为，公平地说，到我任期结束时，我们基本上已经从先前的声誉损失中恢复了过来。危机过后，你必须在媒体上长袖善舞，展开公关防御。但归根结底，真正的回应是产品和服务上的创新——与客户沟通并改进你的产品，而不仅仅是为你的错误辩解开脱。

向乌龟学习

我钦佩乌龟。事实上，我养过几十只乌龟当宠物。乌龟是有着坚硬外壳的稳重生物。它们从恐龙时代就存在了，它们知道如何生存。没错，在商场上，速度有时至关重要。但光有速度，没有明确和一致的方向，你还是没法迅速地抵达任何地方。有时候，尤其是在危机时刻，你需要依靠你厚厚的铠甲，缓慢而谨慎地采取行动。海龟知道这是怎么做的。

Facebook的IPO是我职业生涯中最艰难的一个瞬间。但我们并未惊慌失措；我们没有怀疑自己的基本商业模式。我没有怀疑自己的领导能力。我们没有怀疑纳斯达克在过去几年取得的令人难以置信的进步。但我们也没有假装不存在有待解决的真正问题。比尔·帕塞尔斯（Bill Parcells）是我最喜欢的一位橄榄球教练，他喜欢说"你的成绩怎么说你，你就是什么样的人"。在Facebook事件发生前，我们的记录非常好，那个污点并没有定义我们，但它仍然是我们记录的一部分，并且激励着公司的进一步发展。

在竞争的环境里，没有人拥有完美无瑕的记录。即使站在世界之巅，你也不要花太多时间扬扬自得。它会滋生自命不凡和错误的满足感。你在庆祝自己的成功，你的对手却趁机抢走了你的午餐。要随时准备接受挫折，继续前进。它绝不是一件让人愉快的事情，但承受损失并妥善应对的能力是一项关键的领导技能。正如我在采访中对巴蒂罗姆所说，"我们会因为挫折而变成一家更好的企业"。在我担任首席执行官期间，Facebook事件明确定义了"此前"和"此后"。像乌龟一样，我们埋着头努力工作，缓缓地、有意识地改进。2012年的那个春天固然痛苦不堪、压力重重，但我们并未因为它而止步不前；相反，它激励了我们。

Leadership Lessons
领导力经验

· **顶住压力。**有时候，领导者需要主动站出来，当众承担失误。

· **不要因为胜利而沾沾自喜，也不要对失败耿耿于怀。**你在庆祝自己的成功或在舔舐自己的伤口时，对手可能趁机抢走你的午餐。

· **在这个时刻正确的方法，换个时间可能就不正确了。**从前的成功策略，后来可能会变成不利因素。

· **应对危机的最佳方式是创新。**不要花太多时间为自己的错误开脱辩解。直接跟客户沟通，改进自己的产品或服务。

12

让创新成为制度

MARKET MOVER

LESSONS FROM A
DECADE OF CHANGE
AT NASDAQ

"纳斯达克首次使用区块链技术进行股票交易。"

《每日电讯报》，2015年12月31日

怎样才能每天带着新鲜的眼光醒来，准备好追求改变、成长和创新呢？它无关你在什么公司或什么行业工作，这是一项对领导力的持续挑战。在纳斯达克的大厅里，我经常爱念叨一句话：一旦获得了竞争力，你就必须与自满做斗争。

有些讽刺的是，这一挑战在时局艰难的时候反而可能更容易应对。如果竞争对手死死盯着你不放，你不难感觉到改变的紧迫性。当企业面临来自市场力量的生存威胁，自然而然地会产生改进的动力。可以说，演变的必要性，是市场生态系统中的选择压力所决定的。可一旦你在自己的行业里展现出高人一筹的竞争力，企业内部的文化动态就会发生变化。成功无疑十分美妙，但优秀的领导者必须理解它所带来的全新商业现实，保持一致，同时不断改变；维持制度稳定，也不放松持续改进；追求效率，也不忘创新。寻找这若干种元素的恰当组合，始终是企业领导者的一个关键目标。

在纳斯达克，我的目标是，我们应该每天都一点一点地重新组织。我认为，变革应该成为健康组织文化的一部分。很明显，在一家公司的生命周期中，有些时候总会需要更剧烈的大型变革。我在纳斯达克任职早期就属于这样的时候。但变化不应该只针对危机和市场压力增大的关头。老实说，每当我读到组织进行大规模重组的报道，我就会想，这恐怕少不了是领导失误导致的结果吧。剧烈的一次性重组实际上是在承认管理层并未一直努力工作，而是迈着小碎步渐进地持续改进业务，所以，眼下他们只能一次性地加以解决。大规模重组是事后下的重手，不可避免地会造成附带损害。这就像是原本小心翼翼地挥舞一把锋利的手术刀能更有效地完成工作，不造成组织创伤，却偏偏迎上来一柄巨锤的重击。事实上，高效能的组织不断地以成功为基础自我再造；它们有目的地主动寻找一切能让事情变得更好、更聪明、更有效率的方法；它们关注竞争对手，思考未来，探索创新之路。

随着我们进入21世纪的第二个10年，我希望纳斯达克成为这样的组织。在此之前，整个行业的电子市场转向、内部文化变化、美国证交所的规则变化、一连串的变革性收购，再加上经济大衰退，所有这些因素结合到一起，形成了一种自然的变化格局，让我们踮起脚尖，保持警觉。但现在，我们进入了更平静的水域。我们的后视镜里还看得到金融危机，经济尚处在复苏阶段，市场总体而言是健康的，或是正朝着健康方向发展。纳斯达克正开始收获来自上一个商业周期良好战略决策的收益，随着经济的好转，我们开始感觉到自己正在顺风借力。倒不是说事事容易，我们始终承受着来自环境的压力。

事实上，在某些方面，金融危机和随之而来的经济困境只是暂时掩盖了纳斯达克在过去10年里创造出来的成功故事。我们所进行的投资和完成的战略收购（包括收购OMX），让纳斯达克稳稳地搭上了新兴经济的顺风车。当经济衰退，让所有人的前景都变得黯淡，很难判断谁在战略上处于有利位置，但随着整体经济的好转，我们的基本面优势得以显现。

当然，那些年从来不缺戏剧性的时刻——闪电崩盘（2010年5月6日，道琼斯工业指数盘中大幅下跌近1000点）、飓风桑迪、新的收购、市场变化。它们都分别提出了不同的挑战，需要我们的整个团队团结一心地做出应对。但这一切都没有影响到纳斯达克的基本发展轨迹：市场运行良好、商业机会不断扩大、收入不断增长以及成功的股票专营权益。一个季度又一个季度过去了，我们的利润扩大，利润率丰厚，股价也在上涨。IPO市场逐渐从低迷中复苏。我们继续吸引新公司到纳斯达克挂牌，将新的科技公司纳入我们的版图，甚至还说服了一些老牌科技企业反水成为纳斯达克大家族的一员。

我们的团队也在不断成熟和壮大。到2013年，纳斯达克有了一位新的企业沟通主管和首席信息官，年轻的高管们正成长为高效领导者。OMX团队中的许多人不仅已经适应了纳斯达克的文化，还热情地接受并巩固了它。他们的能力大大提升了纳斯达克的人才储备。在这段时间里，数十亿美元涌入了生物技术公司及其首次公开募股。在有些个案中，这些资金是为有望上市的药物而筹集的，只不过，这些药物距离通过关键试验、获得监管部门批准、正式进入市场还有很多年的时间。这样的长期视野是公开市场的一项重要功能——为医疗突破（和商业方案）进入市场提供信念和较长的预备助跑期。当我看到免疫疗法初创公司为改进癌症治疗的"登月"尝试召集到投资者、募集到资金，我特别为纳斯达克所扮演的帮助角色感到自豪。

建设技术专营权

在早前的创业生涯中，我一直喜欢能带来经常性收入的软件业务。我们在ASC公司就创建了这样的业务模式，而且，我真心认为这是一种最好的商业模式。在纳斯达克，除了交易业务，我还致力于建设软件和服务专营权。收购OMX及其交易所技术业务也促成了这一业务模式。随着新兴市场的发展壮大，世界各地都迫切需要建立市场交易所，故此，对定制解决方案的需求也不断增长。随着时间的推移，我们针对这一业务扩展了基本订单匹配技术，构建或收购了重要的新功能。

2010年的闪电崩盘，以及随后发生的一系列事件，让我们对电子市场这一新世界有了更多的认识。随着市场的自动化程度越来越高，有一件事变得越来越重要：在交易的前端和后端仔细审查庞大订单匹配引擎的输入，避开潜在的陷阱。不进行仔细分析会导致什么问题呢？骑士资本公司提供了一个生动的例子：一个软件故障让该公司在错误交易中损失了数亿美元，逼得他们在2012年底不得不卖给了自己从前的竞争对头Getco公司。

这类灾难导致的生存恐惧，促使人们对我们的新工具套装产生了兴趣，也促使我们将这些工具变得更加强健。我们开发了新的监控技术，提高了交易所产品的安全性，扩大了市场范围。我们在开发工作中，努力将机器学习、人工智能和大数据整合到纳斯达克的系列产品中。电子市场并没有消失，而是发展得越来越好。但现在，它们已经问世了好几年，一些危险和不利因素逐渐暴露出来，我希望纳斯达克能够尽全力提供客户所迫切需要的安全和保护措施。截至2013年，我们的市场技术业务已服务50个国家的70多家交易所、清算所和存款机构，它创造了近2亿美元的收入，而且还在迅速增长。

持续的经常性收入对企业来说是一种福利，它能保护企业不受一次性买卖或单笔交易的高低波动影响。当然，作为一家上市公司，你必须按季度披露自己的财务状况。从这个意义上说，运营一家上市公司就是没完没了的季度报告。如今，许多人担心报告周期太短，企业会放弃长期战略思考，专注短期回报。毫无疑问，身为一家上市公司的领导者，必须迅速适应按季度报告的独特节奏。但就我个人而言，我的关注点不会因此受到限制。事实上，正是因为我知道每个季度都要不断地报告收益，我会更专注收入的长期趋势线。我不会特别关心任何一个季度的具体情况，而是更关心我们的前进方向。

我会告诉团队"关注趋势线，别看斜率"。真正的改变需要时间。我总是更为注重落实变化的发生，看到我们真的在前进，而不是我们运动的速度。很多时候，变化只是镜中月水中花，一定要保证它是真切的。如果你能实际地测量组织随时间发生的变化，那么，你才知道改变在真正发生。这个道理适用于任何一种改变的过程：减重，变成一个速度更快的跑步选手，学习一项新技能。通过测量得到的一致结果，不管多么小，都会带给所有人信心。这样一来，你就不必担心每一天、每个月、每个季度到底跑得有多快了。

我从来不希望我们在任何一个季度传递某种有违自然的消息。如果我们过分努力地计较数字，这是一个很糟糕的迹象，它只会损害未来。我们在进步吗？我们正朝着积极的方向前进吗？跟市场比起来，我们的竞争地位是否稳固，还需要有所改进吗？我们是否满足了客户的需求？这些才是需要关注的关键事情。

　　季度数据应该反映企业的有机进展。市场上存在很大的压力，要求每个季度都取得巨大的成功，这将带动短期股价，但优秀的首席执行官会避免栽进这个没有胜利者的游戏。经常性收入，以及软件和服务业务，帮助纳斯达克在更稳定的条件下运营。

　　除了交易市场类的技术，我们还围绕经常性收入建立了另一条新业务线：企业解决方案。在公开市场上市需要满足的规则和报告要求越来越复杂，这创造了一个新的商业机会，那就是协助企业达到监管要求。这是纳斯达克专业技术的自然延伸。我们为公司建立投资者关系网站；提供新闻稿发布业务；为投资者关系团队开发了一套工具；我们收购了一家名为Directors Desk的公司，为它提供安全易用的软件来管理董事会级别的会议。在美国和欧洲经营股票交易所仍然是我们的基本业务，但渐渐地，纳斯达克变成了一家规模越来越大、业务范围越来越广的公司。

天赋理事会

　　纳斯达克通过收购实现了扩张，但我们还通过内部发展和创新实现增长。从第一天开始，我就在纳斯达克建立了高度的财务纪律，并称之为"衡量和盘点"组织文化。我还确保所有人，从高管团队到地面部队的每一个人都认同这种思考方式。但即便我看到这种方法带来了成功，我仍然知道，要在注重成本的文化和对长期创新的强调之间找到平衡。纳斯达克精益运作，而我们高效运营。但效率和创新往往不属于同一户运营家族。往好的方面说，它们是疏远的表亲；往坏的方面说，它们是长期不和的对头。怎样才能让两者置身同一屋檐下又不感到局促呢？的确，我们需要找到方法，将创新思维制度化，同时又无损我们的运营之道。

为了实现这一目标，我决定借鉴约翰·钱伯斯的做法，创造一个跟常规运营预算脱钩的创新空间。在思科，钱伯斯建立了内部业务理事会来评估新的业务设想。我听过一整场介绍思科方法的讲演，非常喜欢。所以，我在纳斯达克如法炮制，只是根据我们的环境做了调整。我们把它叫作"天赋理事会"，其运作基本上跟风险投资公司里的投资委员会一样。个人向理事会提交有趣的创新机会，如果设想似乎有些潜力，便可获得批准，拿到资金，纳斯达克投资这个项目的钱不计入提议员工的日常运营运算。作为交换条件，天赋理事会要求该人放弃对项目的一些主权，在项目的整个启动阶段，理事会都将密切对其进行跟踪。

听起来似乎很简单，但对于一家恪守财务纪律的大公司来说，这就像是尝试调动大脑的另一侧。天赋理事会项目所用的测量指标，必须要跟我们通常所用的运营指标完全不同；否则，我们的财务纪律文化就会在这些新生项目展现出真正潜力之前，把它们生吞活剥。我们希望这种方式能提供一种途径，既尊重短期的财务纪律和成本控制，又能激活长期创新的泵动。

　　一些公司成立了完全独立的研发单位，以培育新举措。从好的方面来看，这可以解决财务纪律扼杀创新的问题，但它也有自身的问题。就算你成功地创办了一个高度创新的运营部门，它也很容易在组织上变得官僚化，并且跟企业的其他部分隔绝。著名的施乐帕洛阿尔托研究中心是施乐公司的研发部，这是一家极富创造力的组织，许多改变世界的创意皆来源于它（如激光打印机和图形用户界面），但它的大部分成果，施乐公司自己从来没利用到！对天赋理事会，我努力让它两全其美，为业务部门提供一个保护和富有创新设想的地方，同时让它们与业务保持密切联系，奉行正确的纪律，接受合适的监督。到2012年底，天赋理事会支持并孕育的业务新设想已带来了1.34亿美元的收入，而且，这个数字还在迅速增长。

　　诞生自天赋理事会的一个最有趣的项目是名为"纳斯达克私人市场"（Nasdaq Private Markets，NPM）的活动。它的来龙去脉是一个独特的故事，讲述了硅谷、风险投资、加密货币和纳斯达克是怎样走到一起并幸福地结合的。

区块链和独角兽的崛起

随着金融危机后经济的复苏，硅谷冲到了第一。到21世纪第一个10年结束的时候，纳斯达克最受青睐的商业走廊空前繁荣，大量资金涌入风险投资家的保险箱，迫切渴望为下一家伟大的初创公司提供发展资金。这次的繁荣在强度和规模上均与20世纪90年代末那一次类似，但融资模式却完全不同。在互联网时代初期，为数百家还处于初期的创业公司提供公共资金的主要是纳斯达克的市场。当时，这些企业大多数没有其他的资金来源。风险投资会提供500万~1000万美元的种子资金，但除此之外，公司还需要公开市场。从某种意义而言，如果你需要数目可观的资金，我们是首选。但到21世纪的最初10年，游戏规则发生了很大的改变。数十亿美元流入风险投资领域，年轻的公司可以走完很长的演进之路再进入公开市场。此外，监管改革，再加上市企业需要满足种种要求，这进一步激励了成长型企业维持更长时间的私有状态。初创公司推迟IPO，通过其他途径筹集额外的资金，哪怕它们已经成长为数亿甚至数十亿美元规模的企业。所谓的独角兽公司（估值超过10亿美元的私营初创公司）数量年年增加。

在某些情况下，这些初创公司由更大的科技公司（如谷歌、思科、微软和其他）收购，后者几乎以不断增长的初创公司生态系统代替了研发。例如，思科公司曾连续收购了多家原本会上市、加入纳斯达克生态系统的初创企业。现在，谷歌、苹果、微软和许多其他大型科技公司也如法炮制。此外，许多公司建立了自己的大型风险投资部门，科技生态系统有了越来越大的可用资金池。

这些资金充足、私人投资的少年公司（如优步、Lyft、Stripe、Airbnb以及其他许多公司）不断涌现，造就了一个难题。这些公司的员工很自然地将自己的大部分财富投资到了流动性相对较差的股票期权里。本来，员工持有这些期权几年，等公司上市后，期权就获得了流动性。但如今，这个时间期限变得越来越长。人们必然需要用钱来购买住宅、支付医疗费用，或是送孩子上大学。如果公司上市指望不上，他们就需要以其他方式兑现这些期权。

起初，硅谷的一些律师事务所会为上市前私有公司的股票交易提供便利，但随着需求的增加，一种新的"二级市场"或"私有市场"（也就是便利期权交易的场所）乘势而起。为满足这一需求，两家新公司SharesPost和SecondMarket成立了。对纳斯达克来说，这是一声战斗的号角：如果一种新的半私有的初创公司期权市场正在形成，为什么我们要把这一业务拱手让给后起之秀呢？我们的优势明明可以自然而然地延伸到该领域。没过多久，我们便决定加入游戏。

2013年，利用天赋理事会的资金，我们跟SharesPost合作开发了纳斯达克私有市场（Nasdaq Private Markets）。SharesPost是一家新成立的公司，旨在为成长型私有公司的股票交易带来一些秩序、效率和流动性。事实证明，它还是纳斯达克发展并深化与湾区重要年轻企业人才关系网络的一条重要途径。几年后，我们收购了SecondMarket，并围绕纳斯达克的品牌，巩固了这一新的交易平台。

人们常说，创新发生在建制的边界，新思想在这些模糊的交叉点上生根发芽，不为常规秩序所压制。作为金融生态系统中的现任选手，纳斯达克需要培养一种觉察力，即我们的生态系统之外正在发生的事情有可能会在未来变得具有破坏性。一旦识别出了这些技术，我们就需要弄清该怎样把它们纳入我们的围墙，拥抱它们，展示一条接纳它们、又不对现有技术底层结构造成过度损害的途径。

本着这种精神，纳斯达克首席信息官布拉德·彼得森在几位领导人之间开展了一连串的内部对话，探讨未来有望崛起的颠覆性新技术。2014年5月，在一次场外策略会议中，我们讨论了量子计算和一种名叫"加密货币"的有趣新技术（包括那时候很少有人听说过的比特币）。

我们探讨这一奇特新型金融工具的来龙去脉，但很难确定它对纳斯达克有什么意义。它似乎没有任何直接的相关性。但到了一个时刻，我们意识到，比特币的宝贵之处不在于它的货币用途，而在于支撑它的技术——区块链。区块链是许多加密货币赖以为基的独特数据库技术。

区块链是一套强大的去中心化分布式账本系统，安全性极高。对像纳斯达克这样的企业来说，这种技术正中我们的下怀。毕竟，我们以促成交易为本行，区块链的目的是改变我们进行电子交易的方式。布拉克和高管团队里的大多数人花了好几个小时讨论这项技术——它怎样运作，我们怎样使用它，它将怎样改变金融市场，纳斯达克如何率先朝这个方向发力。我们早早就成了区块链及其应用潜力方面的专家。

公共市场上的交易技术早已牢牢确立，很难想象要怎么把这种全然不同的技术立刻融入到银行、清算所和交易所现有的网络当中。但如何从一个受我们控制，却又没有太多现有技术包袱的市场里从无到有地使用它呢？纳斯达克私有市场看起来像是检验这一有趣新技术的绝佳渠道。

2015年，我们在纳斯达克私有市场上推出了一项使用区块链技术的服务，它能在10分钟里执行、结算、清算任意一笔交易并将资金转移——跟其他市场完成同样工作所需的时间比起来，这简直快得惊人。如果你今天在公开股票市场做一笔交易，那么，要花上两天来结算和清算。再没有什么样的例子，能如此生动地展示未来就在我们面前了。把这项技术融入我们的金融体系，当然会有大量的工作有待完成，但我真心相信它前景无限。区块链尚未准备好进入股票交易超快速的微秒级世界。在我看来，至少就近期而言，它的真正优势在于结算和清算，也即交易的后端。这是有可能感受到它初期影响的地方。纳斯达克能一早就推出一项展示出区块链潜力的应用，这让我兴奋无比。身为资深玩家，纳斯达克需要拥抱这项技术，落实它的相关性，展示它在行业内应用的演变路径。区块链有着极大的潜力，不过，它的影响范围还有待观察。

闪电小子和急速快感

我在纳斯达克任期快结束的时候，我们收到了一些尖锐的提醒，认为股市必须继续警惕自满情绪，关注新形式的效率低下，寻找创新的新出口。2014年，一声特别响亮的警钟响了起来（尽管有些夸张）：按畅销书作家迈克尔·刘易斯（Michael Lewis）新书里的说法，一群肆无忌惮的"高频交易员"利用买卖双方之间微秒级的时间差，靠着自己超快的速度获利，侵蚀投资者的利益。而且，他还说，这些"闪电小子"是华尔街的资深玩家们促成的。

为理解高频交易现象，区分事实与噱头，有一点我们必须理解：在金融市场，对速度的追求并不新鲜。从最快的马发展到电报，发展到转盘式电话和快速拨号的手机，再到卫星天线、光纤、点对点微波，再到最快的算法，交易员永远在利用技术来获取信息优势，超过竞争对手。19世纪初，罗斯柴尔德家族利用信鸽的速度获取信息优势，在伦敦金融市场大赚特赚，这早已是众人皆知的故事。20世纪90年代中期，我在ASC的时候，我的业务线之一就是销售全新的无线通信设备，好让站在交易所大厅的人能迅速向交易席位上的人发送信息，从而比还在依靠信差两条腿的交易员获得短暂的时间优势。

后来，我有幸成为一群局外人的一员，这些人受崇高理想的激励，以"1"和"0"为武器，闯入老式交易厅构建的城堡，攻破围墙，按照自己的想象重塑了华尔街。按2003年《华尔街日报》的说法，我们根除了低效率，提高了交易速度，最终打破了纽交所的"垄断"，因为它"未能适应新技术构建的新世界，在这个世界里，人们可以更快地进行电子交易"。

我来到纳斯达克没几年，华尔街的大部分底层设施便发生了根本性的变化，未来的电子浪潮将它们一扫而空。我参加这场革命的个人动机跟崇高理想的关系不大，更多的是着眼高效商业实践。但毫无疑问，我认同《华尔街日报》的观点，也即我们打破了实体交易大厅专业人士的垄断（他们传递一个信息要用去足足30秒），为全球市场提供了一项了不起的服务。我们将信息传送的时间缩短到了微秒级别，极大地减少了此前做市系统的摩擦和低效率。

在许多方面，我们的成功程度远远超出了我最大胆的想象。从许多方面来看（接入的便捷性、服务的价格、速度性能、执行质量、产品多样性、竞争动态性、费用透明度），今天的股票交易所比历史上任何时期都更好地履行了自己的功能。但征服者不可避免地会产生自满情绪，今天的革命者也容易变成明天的建制派。

随着市场变得越发电子化，速度需求进入了虚拟领域，人们越来越强调快如闪电，在毫秒甚至微秒内完成的交易。事实上，我在纳斯达克就任之初，市场演变的一部分以一个叫作价格–时间交易（price-time trading）的问题为核心。简单地说，如果几笔订单到达交易所时，报价完全相同，那么，必须有一种方法来判断先执行哪笔订单。判断这个问题的最佳方法是什么？公平的方式——以及目前市场的运作方式——是优先处理最先到达的订单。谁先到，谁先出。在这样一个世界里，速度很重要——如果价格相同，时间就是最民主的区分机制。伴随着市场的现实情况，出现了对速度的需求——由此带来了一种新类型的高频交易操作，也即在眨眼之间买入并卖出股票，利用两个市场或交易所之间价格的微小差异（以美分甚至更低的单位来计算）获利。实体交易大厅由虚拟"大厅"取代，这些虚拟大厅就是一系列互相竞争、提供最优价格的交易所，在这些交易所里，可完成超快速交易，利用交易所之间的价差赚取利润。

在位于新泽西州锡考克斯的纳斯达克数据中心总部，也就是这个虚拟世界的硬件所在之处，我们正在开发一种新型业务。我们决定在数据中心出售房地产。这不仅仅是为客户提供更高的执行速度，也事关可靠性。如果你想获得不间断的可靠服务（避免讨厌的中断和昂贵的停机时间），在纳斯达克拥有一台计算机，比依靠数英里之外的数据连接安全得多。我们提供了安全可靠的局域网（LAN）连接，而不是不可预测的广域网（WAN）。这项服务面向所有人——大银行、投资银行、高频交易公司、经纪人和交易商以及新的交易机构。实际上，高频交易员只占客户的极小部分。而且，这里的关键在于，并没有谁拥有速度优势。有些客户做过尝试，他们问我们，他们的计算机能不能跟匹配的引擎服务器靠得更近几米，就像当年纽交所交易大厅的交易员希望离交易摊位近几米一样。但我们开发了一种独特的"线圈"，能让靠得更近的连接变慢，以确保任何公司的计算机都无法因为特定的摆放位置而获得时间优势。这是一项基于云计算的新业务，就像亚马逊网络服务或微软的Azure一样。实际上，许多新交易机构发现，这是启动初始业务最快、最廉价的方式。就像我们在纳斯达克做的所有事情一样，这一切都受到美国证监会的严密监督。

2014年春，迈克尔·刘易斯的《高频交易员》一书出版后，金融媒体上立刻泛起了强烈的愤慨。华尔街再一次遭到了抨击。刘易斯有一种编造诱人故事的独特能力，他喜欢讲一些猎奇的故事：

局外的斗士为了扑朔迷离的真相而与盲目或腐败的机构斗争。这一回，"局外人"的角色是一小群人，他们渴望理解高频交易在市场中所扮演的角色，建立一家不同的交易所。所有在大银行、交易所和交易公司工作的人都扮演了"腐败机构"的角色。

对于市场在过去十多年里的演变和进步（多亏了刘易斯书里批评的那些人的努力），刘易斯几乎没有提到。前一代人为开放市场、实现准入民主化、降低成本、创造更高效市场所付出的心血没有得到任何赞许。考虑到刘易斯出版这本书之前几乎没跟业内任何重要人物交谈过，你可以想象同事们和我对他的分析（其实他根本就没什么分析）有什么样的感受。

我明白，《高频交易员》不是一份全面权衡了当代金融市场结构利弊的研究报告，但许多人都是这么看待它的。在金融危机之后，让普通美国人相信"股市受到操纵""华尔街腐败"之类的夸张说法再容易不过了。凝视着华尔街并高声痛骂"贪婪的恶魔就在这里！"——我知道，这么做显得很时尚。在后金融危机的世界里，这样的说法符合社会上自然涌动的怀疑情绪。

当然，如果这里所说的"贪婪"，指的是有动力变得更机灵、工作更努力、竞争得更好，并从中赚钱，那么，这在华尔街上不难找到。但说到保护和分析市场这件事，我相信贪婪并不是需要考量的主要问题。更重要的问题是，华尔街的参与者们是否遵守了美国证监会制定的规则？如果遵守了，这些规章和监管需要加以更新以保护投资者吗？最后，跟世界上的其他市场相比，跟历史上的美国金融市场相比，眼下的美国股票市场怎么样？

刘易斯在《高频交易员》里几乎没有直接谈及纳斯达克，这倒也没什么好奇怪的，因为除了一个几年前就遭到解雇的员工，他没跟交易所里的任何人谈过，但他却提出了一个错得离谱的主张：他说我们2/3的总收入都由高频交易所驱动。我完全不知道他是从哪里找到这个数字的，反正它肯定不是真的。我再说一遍，他从未向我们核对过这个数字。实际上，《高频交易员》出版之后，许多投资者对这个数字都大感担忧，认为如果高频交易行业等受到更多监管，纳斯达克的交易收入可能会崩溃。我们在内部做了分析，得出的结论是，实际数字不到10%，而且还差得远。

《高频交易员》里最过分的疏忽还在于刘易斯对证券交易委员会角色的描述。他们在他书里只是小角色，是睁一只眼闭一只眼、漫不经心的房东。我认为，这样的描述不光有失准确，而且具有误导性。没有证券交易委员会的批准，我连纳斯达克订单匹配计算机里的一行代码几乎都没法改。作为交易所，我们的整个业务模型都受到严格监管。而且，这一监管基本上是在公众监督之下进行的。美国证监会的重大规则调整，必须经过一个极其彻底、透明和公开的过程。它经过精心筹划，接受外界评论。较小的规则变更受公众监督的程度或许不太一样，但还是那句话，纳斯达克对交易所所做的每一项微小调整，该机构都将仔细审查并给予批准。

证券交易委员会完美吗？不，当然不。但他们也不是没有牙齿的老虎。他们是巡逻的警察、赛场上的裁判，确保规则得到遵守和执行，并按需要更新。在《高频交易员》描述的世界里，证券交易委员会几乎并未参与（这可能会让读者留下流氓狐狸在鸡窝里花天酒地的错误印象，恰好满足了故事的叙述），然而实情绝非如此。美国证监会在整个股票行业中占有举足轻重的地位，但刘易斯绕过了这一点，好把银行和交易所打扮成恶棍。

这本书忽视了美国证监会，但美国证监会却并没有无视这本书。"市场并未遭到操纵，"2014年《高频交易员》出版后不久，美国证监会主席玛丽·乔·怀特（Mary Jo White）向众议院审议小组宣布，"美国市场是全世界最强健、最可靠的市场。"我同意她的断言。这并不是说，美国市场就毫无改进的余地了。怀特本人就花了大量精力，加强美国证交委对高频交易公司及其业务的监管。

我想再为怀特的陈述做一点补充。我认为，今天的市场比历史上的任何时期都更强劲稳健。《高频交易员》一书背后藏着一个没有直说的观点：在计算机进入华尔街之前，兴许情况要好得多。我想这只是个一厢情愿的念头。过去数十年，股票市场交易几乎抹除了所有的交易成本。一项研究发现，仅在2010年到2015年之间，大盘交易的机构成本就下跌了20%以上。刘易斯抱怨说，成本下降的这一趋势在放缓，但这也没什么好吃惊的。交易成本所占比例本来就够小了，再从它身上压榨油水，必然越来越难。再说了，做交易总是存在一定的摩擦成本。

掌握了这些事实，我不会把华尔街的过去想得太浪漫。我会努力以坦诚和公正的态度对待它的现在，并希望它在未来会继续朝着更好的方向发展。无疑，演变的过程中难免出现一些磕磕碰碰，但这并不意味着世界末日即将来临。从《高频交易员》的字里行间，读者很容易产生这样的印象：在高频交易行业的恶行下，我们当前的系统已经来到崩溃的边缘，巨大的市场不稳定即将到来。并非如此，这些预言从未像他所说的那样成真。从这本书出版以来，市场获得了前所未有的韧性。这其实只证明：在现实世界里，进步并不是从黑变成白，从坏变成好，从腐败到完美，而是系统从存在问题，到因为解决了老问题而变得更好，但与此同时，往往又产生了新的问题。

值得赞扬的是，《高频交易员》的主角们确实尝试提出了另一种方法，即建立一种自带抑制高频交易行为特征的交易所。他们开发的用来挫败高频交易行业的"减速带"具有创新性质，但其他人已经对此做了复制和改进。套用甲骨文公司首席执行官拉里·埃里森（Larry Ellison）在网络公司泡沫潮时代的话来说：我猜他们创造的是一项功能，而非一项业务。不管怎么说，按照美国证监会制定的规则，市场将做出判断——理应如此。新一代的理想主义青年创业家将再次寻求创新、改进市场、颠覆现有的经营阶层，设置更好的解决方案。这才是商业、市场和生活的演变。

已知和未知

到纳斯达克就任之初，我常常做这样的梦：我从悬崖上跳下，有时甚至是跌下来的，接着在半空中翻滚，不知道自己会怎样落地。有时，哪怕是白天，这幅画面也会不由自主地浮现在我的脑海。我在那段时期的真实感受是什么样的，这个梦是完美的比喻。从各方面来说，当上纳斯达克的首席执行官是体验上的飞跃。大规模重组、新技术、全球收购、跟华盛顿打交道……所有这一切都是一场激动人心的冒险，是迈步跳进未知的领域。

但10年过去之后，这种感觉逐渐消失了。这份工作既吸引人，也消耗人。我为纳斯达克的成长和成功深感欣慰。我在处理和解决大问题、观察业务不断成熟的过程中找到了满足感。但是那种根本的兴奋，那种冒险的感觉，已经消失了。当你看不到脚下的土地，你能真真切切地感受到那种来自未知的刺激。但现在我能够通过一些基本的途径，看出未来如何展开。我对地形很熟悉了。我想，我知道我们全体会怎样着陆。

在某种程度上，我通过关注未来、深入探讨技术和理念（区块链、NPM、纳斯达克期货市场，等等，它们将为纳斯达克未来10年的发展提供信息）来满足自己对新挑战的需求。业务的相对稳定还令我能够在其他相对受忽视的组织领域进行升级，这些领域或许并未出现明显的问题，但绩效让我不太满意。在那些日子，我爱说一句口头禅：如果某件事不对，那就是错的。优秀的领导者应该始终关注人员、流程和技术的升级。

所有这些活动都需要我全身心地投入，也需要我的专业技能，但是随着最初的新鲜感和戏剧性逐渐消退，我开始考虑自己离开纳斯达克的生活。看到纳斯达克蓬勃发展，这本身是一种犒赏，但纳斯达克越是变成一台运转正常、火力全开的机器，我就越是意识到自己在这家公司的时间快到头了。至少，是时候认真考虑我离开后谁来接替我的位置了。

· **一旦获得了竞争力，你就必须与自满做斗争。**企业受到来自市场力量的威胁，自然会产生改善的动机。而当威胁消失，你就需要寻找新的方法来鼓励改变和创新。

· **关注趋势线，别总在乎增幅大不大。**重大的改变需要时间。只要你朝着正确的方向前进，走得多快并没有那么重要。

· **为创新开辟安全空间。**在关注成本的文化里，创新很难扎下根来。在文化、预算和制度结构里，一定要开辟一处专门的空间，让新的设想发芽和生长。

13

—∿—

往前走，莫回头

MARKET
MOVER

LESSONS FROM A
DECADE OF CHANGE
AT NASDAQ

"纳斯达克任命阿迪娜·弗里德曼为首席执行官。"

路透社，2016年11月14日

"你认为在自己的职业生涯中，最重要的成就是什么？"

2014年，证券交易员协会在华盛顿特区召开了一轮会议，桑德勒·奥尼尔投资银行（Sandler O'Neill）金融领域首席分析师里奇·雷佩托（Rich Repetto）向我提出了这个问题。同一个问题，还抛给了在我之前登台的纽交所总裁汤姆·法利。法利和我是朋友，也是同行，我们曾一起在SunGard共事过。他花了几分钟的时间周全地回顾了自己的职业生涯，我对他所取得的成就印象深刻。但当这个问题落到我头上，我却采取了不同的回答方式。

"一旦我开始以这种方式思考过去，董事会就该物色一位新的首席执行官了。"面对在场的数百名听众，我向大感意外的采访者这样说。我是认真的。回顾过去的瞬间，就是你未能关注未来的瞬间。你昨天的成功，并不意味着明天也会成功。毫无疑问，日后会有更多时候来回顾过去，但在我担任首席执行官的时候，不应该这么做。

在纳斯达克，我花了很多时间思考怎样领导他人而不自满，怎样才能不丧失我们在创新和竞争力方面的优势，而对我们所取得的任何成就，我不曾沉迷过太久。我督促团队，也督促自己不要自满。如果你不够谨慎，不管是从个人还是从组织的角度来看，过去的成功都会为未来的成功制造更多负担，而且，你越是成功，负担就越重。

这并不是说，我不曾为帮助纳斯达克摆脱2003年的低迷境地感到自豪。但事情已经过去十多年了，纳斯达克已经是一家全然不同的公司了。我变老了。金融行业发生了变化。没人能保证2003年的罗伯特·格雷菲尔德能应对2014年所特有的挑战。没错，我有了很多的经验，毫无疑问，它们极为有益。我执掌企业的日常运营工作有了更高的效率。我见识过了市场的高低起伏。我对这家公司知根知底。我了解这个行业的参与者。在这些年里，我的智慧和技能水平突飞猛进。但要对一家上市公司首席执行官的位置真正产生归属感，你必须在现在，也在未来，都是合适人选——一次又一次，一年又一年。毕竟，许多技艺高强之辈都渴望得到这个机会。每一年，我都希望站在比赛的最高处，迎接当前和未来的挑战。

我也从没把纳斯达克的成功视为理所当然之事。没有什么命中注定的东西，每一天你都要去重新把成功赢到手。过去我们驾驭了时代的势头，不见得这股势头永不停止。我们没法判断自己距离落后还有多远。我总觉得成功和失败是一枚硬币的两面。实际上，成功和失败的界限兴许比我们想的还要模糊。或许，我们只是靠着极小的优势成功的。至少，我对我们的成绩就是这么看的。我不愿意觉得我们像是拥有某种特权似的——仿佛过去总是未来成功的序幕。成功不会从天而降。我们靠着努力工作才得到了它。而且，每天我们都必须从头来过。我知道，如果我失去了这种优势，我就应该认真地考虑还应不应该继续往前走了。

接班人

虽然我没有用很多时间思考过去，但我确实用了相当多的时间思考未来，尤其是没有我的那一部分。优秀的接班计划是一位负责的首席执行官工作不可或缺的一环。每一家董事会都应监督它，哪怕很多人都不愿揽下它。我知道，我必须设计一套稳妥的方案，交接我在纳斯达克的掌舵位置。在我看来，最适合这份工作的人是阿迪娜·弗里德曼。自从2003年我第一次晋升阿迪娜以来，我亲眼看着她从有才华的年轻高管成长为老练娴熟、经验丰富的行业领导者。她离开纳斯达克加盟凯雷集团之后，我心里一直藏着一个念头：那就是，有一天，她兴许能成为纳斯达克未来的理想首席执行官。2014年初，我给她打了个电话。一个雨夜，我们在曼哈顿的一家餐馆见了面。我自己暗中有个原则：除非我要宣传推广些东西，否则，我不参加商业晚宴。她知道我的这一点个人固执，一定猜到我是有什么重要的事情要说。

我向她解释说，我打算在纳斯达克再待几年，但在那之后，她是接替我的自然之选。我让她考虑重返公司，并告诉她，如果她这么做，并且表现出色，我会帮她赢得董事会的支持。我拿不出担保，没有明确的私人或公开承诺，但我向她保证，我会尽我所能，让她获得所有的机会，向董事会证明她是接替我最合乎逻辑的人选。

她很感兴趣，我亦满怀希望。然而，对一家庞大而复杂的企业，我想要她获得更多的运营经验。凯雷集团是若干独立运营的封地的集合，尽管她负责财务事宜，但这跟掌握创收型业务的细节并不一样。她曾担任过纳斯达克的首席财务官和战略执行副总裁，在运营数据和索引业务方面表现出色。所以，我完全相信她做得到，只不过她还需要一段时间来证明自己。我向她保证，如果她这样做，我将是她在董事会中最坚定的支持者。

我们探讨并设计了策略。到晚饭结束时，我确信，这是一份她无法拒绝的邀约。接下来的几个星期和几个月里，我们都在敲定细节，她完成了自己在凯雷的工作并正式辞职。我亲自打电话给凯雷集团的首席执行官大卫·鲁宾斯坦，向他解释阿迪娜为什么要重返纳斯达克。凯雷是一家在纳斯达克上市的公司，我希望对他们表示应有的尊重。我把阿迪娜回自由广场一号的理由告诉了鲁宾斯坦。

他并不太乐意，但态度和蔼，似乎已经接受了她必然离去的事实。"她在凯雷干得很出色，听说她要走，我很难过。我猜，我们只是临时租用了她的几年才华。"他有些无奈地说。

2014年5月12日，它正式生效。阿迪娜将重返纳斯达克，任何关注这方面信息的人都明显看得出，她将是下一任首席执行官的自然人选。"阿迪娜·弗里德曼将重新加入纳斯达克，并有望执掌帅印。"她的正式新头衔是全球企业和信息技术解决方案总裁。自从马格努斯·博克（OMX前首席执行官）离开公司后，我就再也没给谁用过"总裁"这一头衔，但现在是时候放弃惯例了。与此同时，我还让现任交易执行副总裁汉斯-奥勒·乔姆森担任联合总裁。或许他对首席执行官也有着同样的抱负心，而且，他肯定是个很不错的人选。但当我们付诸行动时，我向乔姆森解释说，阿迪娜才是重点培养对象。

2015年初，阿迪娜升任首席运营官一职，负责纳斯达克的所有业务线。以前我从来没有过首席运营官；我一直认为监督产生收入的业务属于我工作的一部分，但把这一责任交给阿迪娜是接班计划的一部分。我打算用董事会觉得没必要动用外部调查的方式来安排交接过渡，故此，让阿迪娜有机会证明自己的运营能力实属关键。到了这个阶段，纳斯达克每一项能产生收入的业务环节都归到她手下了。如果说，对她是接班人还存在任何疑问，现在就该消除疑问的源头了。华尔街上其他大公司有三四位高素质人才表达了管理纳斯达克的意愿，我不希望再进行这种没必要的对话了。

多事之晨

2016年底，我终于做好了辞去纳斯达克首席执行官一职的准备。有个声音在我耳边低语："是时候往前走了。"为什么？实际上，原因不止一个。很多因素凑到一起，让2016年成为一个适合离开的年头。我在纳斯达克已经待了近14年，从全球市场的角度来看，这简直等于是一辈子了。首席执行官很少有能干这么久的。我得到了董事会的支持，得到了高管团队的支持，有着几乎无人能匹敌的业绩纪录。我知道，在任何领域，领导者真正放手都很难。我见过太多首席执行官纠结于离任，交出这职位带来的各种花头：权力、地位、肯定、福利、万人关注的焦点、支撑后台以及置身世界中心的感觉。我不想落入那样的陷阱。既然到时候了，那就干脆果断些。假装时辰还没到，谁也落不着好处。我总是觉得自己随时能够往前看，望见下一个拐角，我也为这一点感到自豪。所以，虽说我很擅长这份工作，也习惯了它，但这并不意味着我仍然是它的最佳人选。在我的心里，我知道该说再见了。

随着纳斯达克变得越来越大，越来越成功，它本身变成了一家不同的公司。我知道自己的才能所在，尽管我在首席执行官职位上做得很娴熟，随着公司的成长，我们的管理团队也变得更有经验更高效，但我开始感觉，从前让我对纳斯达克来说不可或缺的素质、地位不再那么靠前、那么核心。有一阵子，我的技能似乎正与纳斯达克的迫切需求相匹配。在全新交易技术严重扰乱所有交易所的关键时期，我得以带领纳斯达克渡过难关。从某种意义上说，我们是第一家通过这条混乱隧道并在隧道对面蓬勃发展的大型交易所。请不要误解我的意思。我还没那么自大，以为2003年就没有别的人能成功完成这项工作。我认为，我是出现在恰当时间的恰当人选。

然而，随着纳斯达克进入新的成熟期，我觉得自己没那么重要了。我的管理团队已经成长为一个强大的集体，能力强，经验丰富。在我们的每周管理会议上，他们的独立、远见和能力都让我深为折服。老实说，他们越来越不需要我了。

我曾用过一种评估自己绩效的方法，那就是想象脑袋里有两个鲍勃在对话：一个是纳斯达克的股东鲍勃，一个是首席执行官鲍勃。前者会怎样评价后者呢？随着时间的推移，这种内心对话不断在变。股东鲍勃不再百分之百地确信首席执行官鲍勃仍是理想人选。在我看来，我能想象股东鲍勃说："你表现得很好。但天下没有不散的筵席。让阿迪娜得到她应得的机会，领导这家组织走向未来吧。"

此外，我还有家庭方面的考虑。刚到纳斯达克工作时，我每天晚上都会回到家里，跟茱莉娅和3个孩子在一起。和他们共度的时光总能令人愉快地放松下来，让我得以从紧张的工作中解脱。尽管当首席执行官的要求很苛刻，但家庭对我的人生至关重要，茱莉娅跟我都从抚育鲍比、格雷格和凯蒂当中获得了许多共同的快乐和喜悦，也一同经历了不少考验。倒不是说这不够艰辛。虽说我总是努力为家人腾出时间，但现实情况是，我是一家上市公司的首席执行官，永远没法完全摆脱工作，哪怕是人在家里，也很少能全身心地投入当下。在精神上，它是一份365天24小时连轴转的职业。我曾对自己的高管们说，选择了我们的职业，就没有什么真正的工作与生活的平衡了。相反，更好的做法是争取让工作和生活融合起来：让家庭生活和办公室生活之间建立健康且运转良好的关系。拥有支持我的家庭非常关键，每当我在跟家人吃饭的时候接到紧急电话，或是家族聚会时脑子被工作上的事情所占据，我都很感激他们对我的包容。如此一来，茱莉娅必定承担了我们家庭生活里很大一部分日常责任。这是我们在人生选择和职业承诺之间没法回避的权衡。今天，当我自豪又钦佩地看着孩子们的成功，我会再一次感谢茱莉娅在引导孩子成长中所扮演的重要角色。

随着3个孩子长大成人，就读大学，进入20来岁的"新视野"，我和他们的关系自然发生了变化。突然之间，当我有空休息的时候，不再总能见到他们的人影了。实际上，如果我想跟他们在一起，还必须要听从他们繁忙的日程安排呢！形势发生了逆转。当你经营着一家价值120亿美元的公司、满世界出差时，这并不容易。随着我来到自己60岁的生日，我越发清晰地认识到，时间滚滚向前，谁也说不准自己还有多少年头好活。我想至少把其中一部分时间跟孩子们以及未来的孙辈们一起度过。

我还察觉，孩子们离开家之后，如果我出差并长时间工作，茱莉娅就只有一个人了。这些年来，她为我的事业牺牲了很多，现在到我陪陪她的时候了。太多的早晨，她还没醒，我就出门工作了。而且，我自己的父母也老了。他们为我做了很多。我感觉，他们人生最后的岁月应该有我的陪伴。

我还希望把时间回馈社会。经过40年非常成功的职业生涯，我挣到的钱比这一辈子要花的都多，如今，我想用其中一部分去帮助他人、支持我所看重的事业。我决定，捐赠主要集中于自己热情所在的一个领域：教育与机遇。我坚信，出身贫寒的人也不应失去向上流动的美国梦精神。我希望用自己的部分财富为其他像我一样家境卑微，但有天赋、渴望进取的人提供机会。身为纽约大学的老校友，我最初选择纽约大学斯特恩商学院作为实现这一目标的有效途径：他们项目招收的学生里有30%属于低收入阶层，均可获得佩尔助学金。我的捐赠专门授予这些学生，他们有天赋、有动力、够资格接受良好的教育，只是缺乏实现梦想所需的关键资源。今天，我们的家族基金会正进一步扩大项目投资，覆盖那些有天赋的贫困儿童，他们缺少经济上的优势，但未来不可限量。我们正努力降低机遇阶梯的门槛，好让他们能更轻松地迈出第一步。

最后，我想品尝成功的果实，但处在努力工作的阶段时又根本做不到。我见过世界每一个角落里的会议室，但很少有机会沉浸在周遭的文化和风景当中。我期待能有更多的时间跟妻子和家人在一起，骑着我的公路自行车，提高高尔夫球技，周游世界，跟我多年来结交的朋友和同事共度美好时光。

不要误解，我并不是要停止工作。我只是想从首席执行官的位置上退下来，不再去迎合这份工作带来的所有苛刻要求。我仍然想尝试新鲜事物，接受新的挑战，哪怕它们远远超出了我目前的专业领域。我是USATF基金会的创始人兼主席，十多年来，我们支持全美最具潜力的年轻田径运动员，并深为他们取得的成就而自豪，但我知道，我们还能做得更多。此外，我想回到我的创业之根，帮忙创办新的公司，或者扶植年轻的公司。我渴望再次扮演后起的颠覆者角色，指导年轻的创新家。等到了最后，我有时间更直接地反思过往，我还打算写一本书。

2016年11月14日，我们公布了消息，纳斯达克正式任命阿迪娜为我的继任者，2017年1月1日起生效。宣布消息之前的周末，我坐在居家办公室，给纳斯达克的员工写了几句话。我给自己倒了一杯很棒的葡萄酒，刚喝第一口时，我想到了更好的时机，决定等到早晨再写，那时候我的头脑是新鲜的，不大容易陷入怀旧情绪。等太阳升起，我拿起笔，开始思考种种互相交织的理由，成就了我从台上退下来的一刻。但有一个事实比其他的都更重要，似乎把我离开时的想法浓缩了起来，那就是明白了时间是一种宝贵的有限资源，随着年龄的增长，我们对它的感受会越来越深刻。

"我逐渐意识到，"我写道，"随着你对来日估计值的减少，你选择怎样度过时间的机会成本不是线性增长，而是指数级增长。经过审慎的考虑和讨论，再加上对首席执行官一职面面俱到、无限责任的充分认识，茉莉娅和我认为，如今已经是重新规划时间的恰当时机了，我们希望未来过得更为平衡。"

我身体健康，思维敏捷，但随着我年近60，我的明天越来越少，我知道我想用这些时间做些别的事情。我真的很喜欢做纳斯达克的首席执行官。但时间无情流逝，阿迪娜通过了所有的考验，跨过了所有的门槛，完成了我对她的每一项要求。董事会采纳了我的建议，选择了她。现在，该由她为一家伟大组织的未来打上自己独特的印迹了。

在自由广场一号大厦的第50层，我们向员工公布了消息，并聚在一起喝香槟庆祝。这是一个苦乐参半的美好时刻，我告别过往，继续向前，组织与我走向了不同的方向。我卸下了在自由一号广场的领导职位，离开时变成了另一个人，一个更明智的人。同样，纳斯达克也从绝望求生走上了真正的繁荣之路，我为自己在这一重要转型中发挥了核心作用而感到自豪。我把自己人生中最好的岁月奉献给了这家组织，它也给予了我同等的回报。

再过一个多月，阿迪娜将成为首席执行官。我将暂时留在纳斯达克董事会任执行主席，督导过渡期。用我最喜欢的诗人鲍勃·迪伦的话来说，是时候"再划一根火柴，重新开始"了。

最后的干杯

辞职信发出后，我发现自己在办公室里无所事事。人人都想跟我说话，但我却不知道该再说些什么。正在这时，我的电话响起，传来我这一整天里听到的最好的主意。

"鲍勃，我是维尼。今天下午晚些时候，你跟我一起喝一杯怎么样？"

我还在SunGard公司工作时，就认识沃途金融的创始人维尼·维奥拉了。他毕业于西点军校，做过陆军少校，我们初次见面时，他就挺有钱。他创办了一家成功的金融公司，也是我私下里的朋友。2009年，克里斯·康坎农离开纳斯达克之后，曾在沃途跟维尼共事（后来又跳槽到CBOE期权市场）。实际上，维尼好几次都劝说我离开纳斯达克跟他一起工作，但时机似乎总是不太合适。

听到一位老朋友的声音真是太好了，而且，提前离开办公室的念头让我长出了一口气。我悄悄溜进电梯，朝曼哈顿东侧的一家老派意大利餐厅走去，维尼正和几个朋友在那里聚会。"请来两杯杜瓦酒。"我一坐下，维尼就对服务员说。这么多年来，一人一杯杜瓦酒（这是工人阶级的苏格兰威士忌）一直是我俩之间的传统。对金融行业的两位领头人来说，这是我们向往日清贫岁月（我俩当时都喝不起更贵的酒）的致敬。我们都出身工人阶层——他来自布鲁克林，我来自皇后区和长岛。白手起家最棒的地方就在于，你记得没有钱是什么感觉。

"为你的成功干杯。"维尼举起酒杯，我也抬起胳膊。

"我有个消息，"他接着说，"当选（但尚未就任的）总统邀请我担任陆军部长。"

"恭喜你。这是真正的荣誉。"我回答说，两人再次碰了杯。

这件事最终的结果是，由于商业关系错综复杂，很难厘清，维尼最终放弃了提名。但在眼下的这一刻，这个将于下月宣布的提议让他分外感动与兴奋。他开始着手为自己的公司做打算——这就是他邀请我来的原因。

"鲍勃，来沃途干吧。我想让你接替我担任董事长的职位。我保证工作要求不会太苛刻，而且会给你优厚的报酬。毫无疑问，道格会感激你的建议和专业知识。"道格·奇夫（Doug Cifu）是沃途的联合创始人兼首席执行官，一位很棒的商业领导人和朋友。

纳斯达克即将成为后视镜里的风景，我感觉这一天像是在反省自己的生活和事业，回顾过去展望未来似的。在考虑他的建议时，我想象自己要是更年轻些，面对这样的建议会是什么反应：难以置信的高薪工作，而且不算太辛苦。在内心深处，25岁的我正在呐喊："你是不是疯了？还考虑什么？接受吧！"

"谢谢，维尼，"我说，"但我想还是算了。"

维尼和我一直期待有一天我们能有更多时间在一起。我知道，在我人生的下一阶段，我可以轻松地用自己的名字换几个董事会席位的美差，拿一份丰厚的薪水，坐享优待。但这不适合我，我永远不会成为那样的人。我不需要另一份工作，我已经做过了这世界上最好的一份。如果我接受董事会的席位，那一定是因为我在公司拥有真正的股权，我帮助公司成长，迎接了创业挑战。即便如此，我知道道格和沃途的团队是多么聪明，多么能干。跟他们一起工作，帮忙建立一家伟大的公司，会令人心醉神迷。说不定，我们可以做些别的事。

"我很乐意跟你搭伙做点什么事。我们做笔交易吧。我们能做些什么？我们能创造些什么？我们能建设些什么？"

维尼和我探讨了各种可能性。谈话之间，"骑士资本"这个名字冒了出来。几年前，沃途和纳斯达克打算收购该公司，但最终输给了全球电子交易公司（Getco）。现在，它改名KCG，收购的时机已经成熟。维尼很兴奋，立刻给道格打了电话，道格也同样激动。

我叫来了朋友格伦·哈金斯，眼下他是纳斯达克的董事。格伦正在寻找新的投资机会，我们已经讨论过合作的可能性。他带来了私募股权行业千变万化的知识。关于什么的呢？兴许我们可以找到资金，帮助沃途投标？随着这个想法在我脑袋里盘旋起来，我们换了一瓶更好的威士忌，我已经能想象到协同效应了。

我的电话响了起来。我低头看了看，笑了。现在，家人胜过了生意。鲍比打电话来向我道喜，我们聊了几分钟，格雷格的电话又打了进来。再之后，凯蒂发来一条短信，她刚好住在附近。我邀请她加入我们；生意讨论可以暂时等一会。她过来坐下跟我们聊了起来，轻快的午后时光转眼就消融在11月带着凉意的夜晚里。

朋友。家人。生意。新计划。我走进夜里，准备回家跟爱人茱莉娅共度更多时光，眼下的我是个幸福的男人。虽然纳斯达克的魔力无可取代，但未来仍将美好。

致谢

　　我的父母，阿德莱德和罗伯特，靠着有限的收入和无限的爱意养育了五个孩子。他们千百次地告诉我，"你可以做到一切。"我是他们的孩子，他们的造物。

　　父母总是希望自己在孩子眼中永远是英雄。我的孩子们——鲍比、格雷格和凯蒂——都已成年，我再也不是他们5岁时眼中的大英雄，但他们是我最亲近的朋友。我的真心话，他们是我收到的最美好的礼物。

　　倘若没有许多人的引导和指点，我的这份事业和这本书便无法存在。我首先想到了以下列出的几位；而下面未能提及姓名者，我深感歉意。

　　"光头"弗隆·鲍德温、埃文·T·巴林顿（Evan T. Barrington）、弗兰克·巴克斯特、史蒂夫·布莱克（Steve Black）、迈克尔·凯西（Michael Casey）、克里斯·孔德、博尔耶·埃克霍尔姆、格雷厄姆·古尼（Graham Gurney）、帕特·希利、沃伦·海尔曼、格伦·哈金斯、艾拉·基尔什（Ira Kirsch）、汤姆·克洛特（Tom Kloet）、弗兰克·拉德威格（Frank Ladwig）、卡尔·拉格拉撒、詹姆斯·曼恩（James Mann）、爱德华·雷德菲尔德（Edward Redfield）、亚瑟·洛克、迈克·斯普林特（Mike Splinter），以及纳斯达克董事会的所有成员。

领导者永远不会比他的团队更优秀。我很幸运身边围绕着这些极富才华、动力十足的人。我欠下了好多人的人情债。这里仅列出其中一小部分。

罗斯玛丽·艾伯戈（Rosemary Albergo）、吉姆·阿什顿（Jim Ashton）、布鲁斯·奥斯特、玛丽安·巴尔德里卡（Marianne Baldrica）、马西娅·巴里斯（Marcia Barris）、丹尼·巴尔塞拉（Danny Barsella）、沙克·巴夫（Harsh Barve）、马格努斯·博克、特里·坎贝尔（Terry Campbell）、乌尔夫·卡尔森（Ulf Carlsson）、曼达娜·查法（Mandana Chaffa）、乔·克里斯汀纳特（Joe Christinat）、戴娜·科恩（Dayna Cohen）、克里斯·康坎农、凯瑟琳·考克斯（Katharine Cox）、凯文·卡明斯（Kevin Cummings）、鲍比·科莫（Bobby Cuomo）、埃德·迪特迈尔（Ed Ditmire）、戴维·艾尔特（David Ehret）、保罗·埃里克森（Paul Erickson）、安娜·欧文（Anna Ewing）、

艾斯特·弗雷斯特（Esther Forster）、阿迪娜·弗里德曼、桑迪·弗鲁切（Sandy Frucher）、内尔森·格雷格（Nelson Griggs）、罗恩·哈森（Ron Hassen）、道格·哈里（Doug Hurry）、约翰·海德（John Hyde）、布莱恩·海德曼（Brian Hyndman）、莫斯·伊曼（Moss Iman）、约翰·雅各布斯（John Jacobs）、汉斯-奥勒·乔姆森、詹米尔·约翰逊（Jameel Johnson）、威尔·基（Will Keh）、汤姆·金（Tom King）、埃德·奈特、小卡尔·拉格拉撒、丹·刘（Dan Liu）、让·雅克·路易（Jean-Jacques Louis）、约翰·卢克塞（John Lucchese）、鲍勃·麦考伊（Bob McCooey）、汤姆·麦克杜格尔（Tom McDugall）、卡琳·麦金内尔（Karin McKinnell）、萨蒂什·穆朱达尔（Satish Mujumdar）、格里·墨菲（Gerry Murphy）、埃里克·诺尔（Eric Noll）、比尔·奥布莱恩（Bill O'Brien）、布莱恩·奥马利（Brian O'Malley）、珍妮弗·奥克（Jennifer Ok）、马特·奥斯（Matt Orsi）、莱尔斯·奥特斯盖德（Lars Ottersgard）、文斯·帕米尔（Vince Palmiere）、布拉德·皮特森（Brad Peterson）、迈克尔·皮塔兹尼克（Michael Ptasznik）、尼庞·拉古瓦西（Nipun Ragoowansi）、斯蒂夫·朗迪奇（Steve Randich）、罗勃·罗滕伯格（Rob Rentenberg）、劳里·罗森道尔（Lauri Rosendahl）、麦克·萨利托（Mike Salito）、马克·舒洛特（Mark Schroeter）、汤姆·塞尔比（Tom Selby）、戴夫·沙福尔（Dave Shafer）、

李·莎瓦尔（Lee Shavel）、詹姆斯·谢德里克（James Shedrick）、伯瑟尼·谢尔曼（Bethany Sherman）、比约恩·西伯恩（Bj0rn Sibberrn）、杰里米·斯库勒（Jeremy Skule）、贝蒂娜·斯卢萨（Bettina Slusar）、布莱恩·史密斯（Bryan Smith）、里克·塔伯克斯（Rick Tarbox）、唐娜·汤普森（Donna Thompson）、马克·尤利西（Marc Ulysee）、大卫·沃伦（David Warren）、汤姆·威特曼（Tom Wittman）、约翰·约特（John Yetter）、约翰·塞卡（John Zecca）和朱莉·泽珀（Julie Zipper）。

非洲谚语说"成就一桩事业要举全村之力"，我就是这句话活生生的例子。很多人都给了我支持，促成了我在生活和工作中的成功。我在这里提及了其中少数几位，深深地感谢你们。约翰·班农（John Bannon）、约翰·邦斯和黛比·邦斯（John and Debbie Bunce）、约翰·钱伯斯（John Chambers）、道格·塞弗（Doug Cifu）、斯蒂夫·柯恩（Steve Cohen）、比尔·康塞戴恩（Bill Considine）、吉米·邓恩（Jimmy Dunne）、皮特·费瑟斯通（Pete Featherstone）、辛西娅·福特（Cynthia Forte）、利兹·查理·弗鲁伯格（Liz and Charlie Frumberg）、史蒂夫·高拉特（Steve Goulart）、艾利克斯·格雷菲尔德（Alex Greifeld）、菲尔·格雷菲尔德和卡洛琳·格雷菲尔德（Phil and Carolyn Greifeld）、威廉·格雷菲尔德（William Greifeld）、埃德·何林塞（Ed Herlihy）、鲍勃·胡格金（Bob Hugin）、史蒂夫·凯戴琳（Steve Kandarian）、格洛丽亚·拉格塞（Gloria LaGrassa）、史蒂夫·雷辛（Steve Lessing）、麦克·奥莱（Mike Oxley）、肯·帕斯特纳特（Ken Pasternak）、沃尔特·拉奎特（Walter Raquet）、费尔南多·拉瓦斯（Fernando Rivas）、吉姆·罗宾逊（Jim Robinson）、里克·洛克（Rick Rock）、唐·萨拉蒂诺（Don Saladino）、乔伊·萨拉蒂诺（Joey Saladino）、乔·塞勒（Joe Seiler）、凯万·萨齐布（Kaivan Shakib）、约翰·塞（John Shay）、约翰·谢特尔和帕姆·谢特尔（John and Pam Shortal）、利兹·斯蒂格曼和理查德·斯蒂格曼（Liz and Richard Steigman）、拉里·塞莫斯（Larry Summers）和维尼·维洛拉（Vinnie Viola）。

首席执行官的成败取决于他们怎样利用自己的时间。黛博拉·罗克（Deborah Rock）的主要职责就是判断哪些人能进入日程，占用多长时间。她是我成功的秘密杠杆。我在很多事情上都欠了黛博拉的人情，但作为朋友是亏欠最多的。还好，我们有一辈子的时间来弥补这一缺憾，对此，我俩都很感恩。

在本书的出版过程中，我很幸运地获得了一支顶尖团队的支持。感谢我在Aevitas的经纪人，戴维·昆恩（David Kuhn）、劳伦·夏普（Lauren Sharp）和纳特·穆卡托（Nate Muscato），他们小心翼翼地为另一家卓越出版社照料这本书，并在它的出版过程中继続给予协助。我还要感谢华纳出版集团（Grand Central Publishing）的格雷琴·扬（Gretchen Young），感谢她细致周到的编辑工作，也要感谢艾米丽·罗斯曼（Emily Rosman）对所有细节的审查核实。

我有好长一段时间都觉得，似乎没法把整整15年的记忆（好些事情都变得模模糊糊）提炼成连贯的叙述。我绝对相信，如果没有卡特·菲普斯（Carter Phipps）和艾伦·戴利（Ellen Daly），这桩任务至今都完不成。卡特有一种了不起的独特能力，迅速理解复杂的主题，并将其有趣的本质挖掘出来。卡特和我会花大量时间讨论市场结构的细枝末节，《嚎叫》这首诗第三节的意义，或是生命的意义，艾伦则会告诉我们前进的方向，并提醒说最后一章不如我们想得那么棒——这里有八条改进建议。从此，茱莉娅和我有了两位新朋友，这是整个过程带来的最美好的结果。我深感荣幸。

关于作者

罗伯特·格雷菲尔德是纳斯达克前董事长兼首席执行官；现任顶尖金融技术和交易公司沃图金融的董事长，金融技术投资公司基石投资资本（Cornerstone Investment Capital）的执行合伙人兼联合创始人，以及Capital Rock和Financeware两家公司的董事。格雷菲尔德还是美国田径基金会的创始人兼主席，长跑爱好者。在他就职纳斯达克首席执行官的前一天，他跑完了人生中的第四个全程马拉松。他目前还在纽约市监督委员会任职。